Reise auf die Malediven

Reise auf die Malediven

Kulturkompass fürs Handgepäck

Herausgegeben von Françoise Hauser

Übersetzungen von Ursula Ballin,
John von Düffel, Peter von Düffel, Kerstin Eitner,
Ralf Elger, Alice Grünfelder und Wolfgang Rhiel

Unionsverlag
Zürich

Im Internet
Aktuelle Informationen,
Dokumente, Materialien
www.unionsverlag.com

Unionsverlag Taschenbuch 507

Rieterstrasse 18, CH-8027 Zürich
Telefon 0041-44-283 20 00, Fax 0041-44-283 20 01
mail@unionsverlag.ch

Verwendung der Karte auf der Umschlaginnenseite mit
freundlicher Genehmigung der map.solutions GmbH, Karlsruhe
(www. mapsolutions.de)
Reihengestaltung: Heinz Unternährer, Zürich
Umschlaggestaltung: Peter Löffelholz, Zürich
Umschlagfoto: 123rf.com
Druck und Bindung: CPI – Clausen & Bosse, Leck
ISBN 978-3-293-20507-9

Inhalt

Ein Volk vor dem Exodus?

Nicholas Schmidle

Eines Abends im März versammeln sich im Präsidentenpalast von Male, der Hauptstadt der Malediven, rund hundert Menschen, um einen Film zu sehen. Polsterstühle in einer bunten Kombination von Streifen- und Paisleymustern sind vor einem Bildschirm an der Stirnseite eines Raumes von der Größe eines Ballsaals aufgereiht. Hinten bringen Journalisten Kameras und Mikrofonständer in Stellung: Mohamed Nasheed, der einundvierzigjährige Präsident der Malediven, will nach dem Film eine wichtige Ankündigung machen. Und seit er am Vorabend seiner Amtseinführung im vergangenen November erklärt hat, er werde wegen des Klimawandels versuchen, irgendwo anders auf der Welt eine neue, höher gelegene Heimat für die Malediver zu finden, lassen die Lokalreporter keine Gelegenheit aus, ihren unberechenbaren (man hört auch die Adjektive »erratisch« und »verrückt«) Präsidenten zu sehen.

Nasheed erscheint und nimmt in der ersten Reihe Platz. Die Lichter gehen aus, und der britische Film *The Age of Stupid* beginnt. Die erdachte Rahmenhandlung spielt im Jahr 2055 mit Rückblenden auf unsere Gegenwart. Dokumentarische Episoden werfen ein Schlaglicht auf die Umweltzerstörung und das kollektive Desinteresse unserer Ära, daran irgendetwas zu ändern. Die Hauptfigur des Films schließt daraus, es müsse wohl das Zeitalter der Dummheit sein.

Die Malediven, ein Archipel aus 1190 Inseln im Indischen Ozean, ragen im Schnitt 1,2 Meter aus dem Wasser. Sogar ein leichter Anstieg des weltweiten Meeresspiegels, wie ihn viele Wissenschaftler für das Ende dieses Jahrhunderts vorhersagen, könnte den größten Teil des Archipels überfluten. Als Nasheed im letzten November vorschlug, alle dreihunderttausend Malediver auf sicheres Gebiet umzusiedeln, nannte er Indien, Sri Lanka und Australien als mögliche Ziele. Er skizzierte seinen Plan, Einkünfte aus dem Tourismus für die Einrichtung eines staatlichen Fonds zu verwenden, um damit später ein neues Land – oder zumindest den Teil eines Landes – erwerben zu können. »Wir allein können nichts tun, um den Klimawandel aufzuhalten, deshalb müssen wir anderswo Land kaufen«, sagte Nasheed damals.

Als der Film endet, nähert der Präsident sich einem Mikrofon, das vor einer riesigen Zimmerpalme steht. Er hat die Statur eines Jockeys, die Palmwedel neigen sich über seine Schulter. Mit seinem an einen Wunderknaben erinnernden Auftreten mag er naiv erscheinen, aber er hat sich fast zwanzig Jahre lang einem Diktator widersetzt und sogar Folter ertragen; wenige Menschen zweifeln an seiner Tapferkeit. Das Publikum im Ballsaal hört aufmerksam zu, als Nasheed erklärt, die Zeit zum Handeln sei gekommen. »Wir müssen nicht weniger schaffen, als die gesamte Weltwirtschaft CO_2-neutral zu machen«, sagt er, und seine hohe Stimme klingt brüchig. »Wenn der Mensch auf dem Mond herumspazieren kann, dann können wir uns auch zusammenschließen, um unseren gemeinsamen Feind, das Kohlendioxid, zu besiegen.« Nasheed liest seine Rede nicht vom Blatt ab; seinen Beratern zufolge tut er das nie. »Und deswegen kündige ich heute an, dass die Malediven das erste CO_2-neutrale Land der Welt sein werden.«

Zweiundzwanzig Jahre zuvor war Nasheeds Vorgänger

mit einer Mission nach New York gereist. Maumoon Abdul Gayoom, der damals erst neun Jahre seiner drei Jahrzehnte dauernden Regentschaft hinter sich hatte, sprach vor der Vollversammlung der Vereinten Nationen und warnte die Welt, dass ein Anstieg des Meeresspiegels sein Land letztlich von der Landkarte tilgen werde: »Bei einem Anstieg von nur einem Meter«, sagte er, »wäre eine Sturmflut katastrophal und wahrscheinlich tödlich für die Bevölkerung.« Beim UN-Erdgipfel in Brasilien fünf Jahre später stellte sich Gayoom als »Vertreter eines bedrohten Volkes« vor. Weilte der Ex-Präsident jedoch gerade einmal nicht im Ausland, um zu prophezeien, die Malediver könnten die ersten Umweltflüchtlinge werden, unterdrückte er einheimische Dissidenten. Seine dreißigjährige Amtszeit war von regelmäßigen Wahlen ohne Gegenkandidaten unterbrochen, die er jedes Mal mit mindestens neunzig Prozent der Stimmen gewann. Einer von denen, die er ins Gefängnis werfen ließ – nach Zählung des Ex-Häftlings mindestens dreizehn Mal –, war ein couragierter Journalist namens Mohamed Nasheed.

Nasheed wurde in Male als Sohn eines erfolgreichen Geschäftsmanns geboren. Er studierte im Ausland – zuerst in Sri Lanka, dann in Großbritannien –, bevor er in den späten 80er-Jahren auf die Malediven zurückkehrte und dort ein Magazin namens Sangu mitgründete. Er schrieb investigative Artikel und brachte Gayooms Regime mit Korruption und Menschenrechtsverletzungen in Verbindung. Nach Erscheinen der fünften Ausgabe durchsuchte die Polizei die Redaktionsräume und verhaftete den dreiundzwanzigjährigen Nasheed. Er verbrachte achtzehn Monate in Einzelhaft. »Sie wollten, dass ich den Versuch eines Staatsstreichs gestehe, und zwar im Fernsehen«, so Nasheed. »Es war voll und ganz die russische Schule. Sie wollten, dass ich Geständnisse über alles ablege, was ich je in meinem Leben getan hatte, von der ersten

Zigarette bis zum ersten Kuss.« 1991 erklärte ihn Amnesty International zum »Prisoner of Conscience« – zum politischen Gefangenen.

Zehn Jahre und einige weitere Gefängnisaufenthalte später errang Nasheed ein Parlamentsmandat. Ein paar Monate darauf stand er aufgrund erfundener Anschuldigungen erneut vor Gericht. Nach seiner Freilassung ging er nach Sri Lanka und gründete dort die Maledivische Demokratische Partei (MDP). Schließlich machten ihn Gayooms Handlanger ausfindig. 2004 überlebte Nasheed innerhalb von zwei Tagen erst einen verdächtigen Autounfall und erwischte dann Leute beim Auskundschaften seines Hauses in Colombo. Er floh nach Großbritannien, wo man, wie er es ausdrückt, »jederzeit mit einer westlichen Regierung über Demokratie reden konnte«, und erhielt dort politisches Asyl. 2005 gab er diesen Status auf, um endgültig auf die Malediven zurückzukehren.

Gegen Ende 2008 willigte Gayoom ein, die ersten freien Präsidentschaftswahlen der Malediven abzuhalten. Am Wahltag war er der Präsident mit der längsten Amtszeit Asiens. Nasheed, der ewige Häftling, trat gegen ihn an. Beim zweiten Wahlgang sicherte er sich die Unterstützung einer Handvoll kleinerer Oppositionsparteien und gewann. Nachdem sie drei Jahrzehnte lang von einem starken Mann regiert worden waren, zeigten die Malediven – ein sunnitisch-muslimisches Land, nach offizieller Lesart ohne religiöse Minderheiten –, wie eine friedliche, demokratische Machtübergabe auch in anderen Teilen der muslimischen Welt aussehen könnte.

Dann präsentierte Nasheed seine Idee eines Massenexodus. Das erinnerte zunächst an andere ausgefallene Pläne, zum Beispiel die Gedankenspiele eines saudischen Prinzen, die arabische Halbinsel mit Trinkwasser zu versorgen, indem man Eisberge aus der Antarktis heranschleppt. Doch Nasheed wurde vergleichsweise ernst genommen. Drei Monate nach seiner

Ankündigung gestand der Präsident von Kiribati, einem pazifischen Inselstaat, dass auch er nach Wegen suche, seine Landsleute umzusiedeln. Und während einer Anhörung vor dem Komitee für Auswärtige Beziehungen des US-Senats forderte Al Gore den Kongress auf, ein Regelwerk zur Reduzierung der Kohlendioxidemissionen zu verabschieden, wobei er Nasheeds Initiative als ein Beispiel dafür anführte, welche Konsequenzen Untätigkeit haben könnte. Joe Romm, Autor des Blogs »Climate Progress«, kommentierte: »Die Malediven sind nicht zu retten. Sie tun gut daran, eine neue Heimat zu finden.« Nicht alle teilen diese Ansicht. Paul Kench, ein auf Küsten spezialisierter Geomorphologe an der Universität Auckland, Neuseeland, hat in acht Malediven-Expeditionen erforscht, wie Inseln sich formen und entwickeln. Kench reiste 1996 zuerst auf das Atoll Baa nördlich von Male. Ihn habe, sagt er, die Vorstellung frustriert, »dass der Meeresspiegel steigt und sie einfach ertrinken werden. Niemand hatte dazu wirklich wissenschaftlich gearbeitet.« Er hat mittlerweile entdeckt, dass sowohl saisonale Wettermuster als auch sporadische Ereignisse – wie der Tsunami von 2004 und ein sehr ungewöhnlicher Anstieg des Meeresspiegels bei den Malediven um zwanzig Zentimeter Ende 2007 – Oberfläche, Strände und die Höhe der Inseln auf unvorhergesehene Weise verändern. Insbesondere, so hat er herausgefunden, sei »die Vorstellung, die Malediven würden verschwinden, stark übertrieben. Sowohl der Tsunami als auch der Meeresspiegelanstieg haben Sand vom Strand angetrieben, diesen über die Oberfläche der Insel verteilt und einen natürlichen Puffer geformt.

Kench ist den Berichten über Nasheeds geplanten Exodus mit Bestürzung gefolgt. »Sie nutzen das als politische Waffe«, sagt er. »Das ist bedauerlich, denn wenn sie das Problem seriöser angehen würden, bekämen sie viel mehr internationale Unterstützung. Das Katastrophengerede führt die ernsthafte

Arbeit, die geleistet werden muss, ad absurdum.« Für ihn lenkt das Ganze nur von der sorgfältigen wissenschaftlichen Forschung ab, mit deren Hilfe man Wege zum Schutz der Inseln finden könnte.

Unterdessen behaupten Nasheeds politische Gegner, sein Umsiedlungsvorschlag habe die Malediven internationalen Respekt gekostet. »Unser Land ist so abhängig vom Tourismus«, argumentiert Gayooms Sprecher Mohamed Hussain Shareef. »Seit Nasheed sagte, dass wir kurz vor dem Versinken stünden und umsiedeln würden, steht mein Telefon nicht mehr still – Reiseveranstalter, die Fragen stellten. Denen können wir jetzt genauso wenig wie potenziellen Investoren sagen: ›Alles ist okay.‹ Dieser Mann ist so versessen darauf, im Scheinwerferlicht zu stehen, dass er vergisst, seinen Job zu machen – und der besteht nun mal darin, ein Land zu führen.«

Die Malediven bestehen aus sechsundzwanzig Atollen, erloschenen Vulkanen, die im Ozean versanken und an deren Rändern im Laufe der Jahrtausende Korallenstrukturen emporwuchsen und ringförmige Riffe bildeten. Die Inseln entstanden durch Ablagerungen zerbrochener Korallen und Schalen von Meerestieren, die von den Wellen angespült wurden. 1998 kam es durch den Zufluss warmen Wassers infolge des El-Niño-Phänomens zu einer Korallenbleiche auf den Malediven, große Teile starben ab. Gesunde Korallen können einen gewissen Meeresspiegelanstieg ausgleichen, indem sie mitwachsen. Wenn aber das Wasser in Zukunft immer wärmer wird, drohen immer häufiger solche Korallenbleichen. Die schützenden Riffe – die zudem oft als Baumaterial für Häuser abgetragen werden – drohen großflächig abzusterben.

Küstenexperte Kench glaubt dennoch nicht, dass die Malediven in dem Maße dem Untergang geweiht sind, wie andere vermuten. Alle Inseln und Küsten werden auf unterschiedliche Art und Weise geformt, was mit Sicherheit in den nächsten Jahren noch gründlicher erforscht werden wird. Als Kench nach dem Tsunami auf die Malediven zurückkehrte, stellte er fest, dass die Welle die Oberfläche der Inseln um immerhin dreißig Zentimeter erhöht hatte, und das noch sechzig Meter landeinwärts. »Die Inseln werden sogar vertikal aufgestockt, indem sich Kämme bilden, die den Meeresspiegelanstieg abpuffern«, erklärt er. »Dieser Sand lagert sich dauerhaft ab, er schmiegt sich nun zwischen die Kokospalmen und wird dort bleiben.«

Sogar die Vorstellung vom Meeresspiegel als fester Messgröße ist nicht ganz korrekt. Da die Höhe des Meeresspiegels weltweit variiert, gilt das wahrscheinlich auch für den Fall eines Anstiegs. »Intuitiv würde man denken, dass der Anstieg des Meeresspiegels funktioniert wie bei einer Badewanne, aber es ist ein bisschen komplizierter«, erläutert William G. Thompson von der Woods Hole Oceanographic Institution, einer privaten Forschungsgesellschaft. »Beim Messen des Meeresspiegelanstiegs muss man an verschiedenen Orten unterschiedliche Faktoren berücksichtigen.« Teile Südasiens heben sich aufgrund tektonischer Verschiebungen im und um den Himalaya. In der Karibik erhöhen sich aufgrund ähnlicher Phänomene einige Inseln wie zum Beispiel Barbados, während andere absinken, etwa die Bahamas.

Steve Nerem, Professor in der Abteilung für Luft- und Raumfahrttechnik an der Universität von Colorado in Boulder, misst den beziehungsweise die Meeresspiegel. Seit 1993, als er damit begann, die Ozeane mittels Satellitentechnologie zu kartieren, betrug der Anstieg im Durchschnitt 3,3 Millimeter pro Jahr. Aber bei den Malediven waren es durchschnittlich 2,2 Millimeter. Die Daten enthielten »alle möglichen örtlichen Variablen«, so Nerem. »Im Endeffekt können wir nicht mit Sicherheit vorhersagen, was passieren wird. Es gibt aber reichlich Grund zu der Befürchtung, dass die Sache problematisch werden könnte. Die Daten schließen einen Meeresspiegelanstieg von einem Meter bis 2100 nicht aus. Die Daten schließen überhaupt nichts aus.«

2007 schätzte der UN-Weltklimarat IPCC, dass der Meeresspiegel bis 2100 zwischen knapp 18 und etwa 58,5 Zentimeter ansteigen könnte. Das kommt einem Konsens unter internationalen Wissenschaftlern wohl am nächsten, aber alle Experten, mit denen ich sprach, setzten ihre Schätzungen etwas höher an. Seit der IPCC-Studie haben die Wissenschaftsmagazine *Science*, *Nature Geoscience* und *Nature* Artikel veröffentlicht, in denen von mehr als 60 Zentimetern die Rede ist; einige meinen gar, der Anstieg könnte bis Ende des Jahrhunderts gut anderthalb Meter betragen.

»Wenn wir von Klimawandel sprechen, dann geht es nicht um allmähliche Veränderungen, einen Meeresspiegelanstieg von einem Millimeter pro Jahr«, sagt Nasheed. Für die Art von Katastrophen, die er erwartet, führt er Sturmfluten, Starkwinde und Tsunamis als Beispiele an. »Es geht hier um das gesamte Ausmaß all dessen, was schieflaufen kann.«

Beim Empfang nach der Vorführung von *The Age of Stupid* ergibt sich die Gelegenheit, Nasheed ein paar Fragen zu stellen. Was plant er im Anschluss an die beiden Knüller gleich zu Beginn seiner Regierungszeit? Muss er nicht über die praktischen Konsequenzen nachdenken? Wie will er CO_2-Neutralität oder Massenexodus in die Tat umsetzen? Wie sehen die nächsten Schritte aus?

»Wir müssen jetzt handeln«, lautet Nasheeds sachliche Antwort. Seine braunen Augen leuchten eindringlich. »Die jetzige Generation – das heißt, die Menschen zwischen achtzehn und dreißig – ist noch nicht aktiv geworden. Das wird Zeit. Ich glaube, am Horizont zeichnet sich ein Wandel ab.«

Er geht nicht weiter ins Detail. Vielleicht spielen Details für ihn keine Rolle. Vielleicht genügt die Symbolkraft seiner Ankündigungen, und die Kultivierung des Präsidenten-Images vom »irren Wissenschaftler« ist eine Strategie. »Wir werden jeden mit einer verrückten Idee und einem Investitionsplan zu uns locken«, sagt er später in seinem Büro. »Die können ihre Sachen hier ausprobieren.« Ob die Malediven nun CO_2-neutral werden oder nicht, scheint fast nebensächlich. Wenn Nasheeds Kapriolen die westlichen Länder zu einer aktiveren Politik bei der Senkung ihres Kohlendioxidausstoßes anspornen können, hat er sein Ziel erreicht.

Ist also alles ein PR-Kniff, um die Industrieländer zu beschämen und zum Handeln zu treiben? »Klar«, sagt Nasheed, »um ihnen deutlich zu machen, dass wir nicht bereit sind, den Preis für ihr Versagen zu zahlen.«

Die Notlage der Malediven wirft nicht nur ökologische, sondern auch eschatologische Fragen auf. Wann kommt das Ende der Welt? Wie können wir uns darauf vorbereiten? Was das betrifft, sind wir alle Malediver. Die Insulaner zählen nur zufällig zu den Ersten, die ernsthaft über diese Fragen nachdenken. Was jedoch nicht heißt, dass jeder Bewohner der Malediven den ganzen Tag über den Meeresspiegel nachgrübelt. Ahmed Abbas, langjähriger Freund des Präsidenten und politischer Karikaturist des Magazins *Sangu*, hält Nasheeds Reaktion für überzogen. »Wir sind schon seit dreitausend Jahren hier«, sagt Abbas eines Nachmittags bei Espresso und Eiscreme in einem Café in Male. »Die Korallen sind unser Fundament. Wenn das Wasser um einen Millimeter steigt, dann werden auch die Korallen einen Millimeter höher. Also kein Grund zur Sorge.« Als das Gespräch auf den drohenden Exodus kommt, klingt seine Antwort geradezu frivol: »Warum gehen wir nicht alle an Bord eines Kahns? Anni« – so lautet Nasheeds Spitzname – »darf der Kapitän sein!« Dessen ungeachtet, fliegt Abbas tags darauf nach Sri Lanka, wo er ein Stückchen Bauland in Hanglage zu finden hofft.

Viele Malediver fürchten, dass sie im Fall einer Umsiedlung als Bürger zweiter Klasse behandelt werden würden. Ali Rilwan, Geschäftsführer der Umweltorganisation Bluepeace in Male, hofft auf einen Zusatz bei den internationalen Gesetzen, der Umweltflüchtlingen denselben Schutz garantiert wie politischen Flüchtlingen. »In Sri Lanka wäre es leicht, weil wir dieselbe Hautfarbe haben, aber ich war einmal am Strand des Sheraton-Hotels in Fidschi« – dort stammen die meisten Inder von Zwangsarbeitern ab. »Ich war in Begleitung einiger amerikanischer Freunde. Der Wachdienst erschien und schleppte mich zu seinem Posten. Sie dachten, ich wäre ein ortsansässiger Inder und störte die Amerikaner. Ein anderes Mal zog mir ein eingeborener schwarzer Fidschianer einen Maiskolben über den Schädel und verlangte einen Dollar.«

»Sie würden lieber hier sterben«, lautet Nasheeds Antwort auf die Frage, wie er die Menschen dazu bringen würde, ihr Zuhause zu verlassen. »Man kann sie nicht bitten zu gehen. Eine Umsiedlung darf nur das letzte Mittel sein. Wenn man gewisse Entwicklungen in Betracht zieht, gibt es ja keinen Ort, an den man ziehen könnte. Nennen Sie mir doch mal ein Land, das keine Probleme haben wird – in allen Ländern werden Millionen Leute umherziehen. Es wird wohl eine unablässige große Wanderbewegung geben. Wen kümmern da schon dreihunderttausend Malediver?«

Und im Übrigen: Wie würden sie für ihren Lebensunterhalt sorgen? Mal abgesehen von den kaum zu bewältigenden logistischen Problemen, wie sähe es mit der emotionalen Bürde durch das Exil aus? Wäre der Verlust des Landes gleichbedeutend mit einem Verlust der Nation? Die Malediven sind winzige Fleckchen trockenen Landes mitten im Ozean. Sie erstrecken sich über eine Länge von achthundertdreiundzwanzig Kilometern. Das entspricht etwa der Entfernung zwischen Flensburg und Garmisch. Die gesamte Landmasse – rund dreihundert Quadratkilometer – nimmt eine Fläche von der Größe Leipzigs ein. Doch die Malediver sprechen eine gemeinsame Sprache und nennen die Malediven ihre Heimat. Würde das Gemeinschaftsgefühl im Exil verloren gehen? Könnten die Malediver ohne die Malediven überleben?

Gefragt, wie es, nach seinen eigenen Exilerfahrungen zu urteilen, seinen Landsleuten in der Fremde ergehen würde, antwortet Nasheed: »Malediver sind in ihren Ansichten ziemlich kosmopolitisch, und wir würden uns wahrscheinlich leichter anpassen als andere. Aber die Heimat für immer verlassen ist etwas anderes. Salman Rushdie schreibt in *Heimatländer der Fantasie:* ›Du kannst dir deine Heimat vorstellen, aber nur in Worten, die du kennst.‹ Wir würden uns also immer den Strand, die Palmen, den Horizont vorstellen. Das kann man aber mitten in Rajastan nicht. Seine Stimme bebt, als sei er den Tränen nahe, und der sonst so optimistische Präsident sieht kummervoll aus. »Glauben Sie mir, wir wollen dort nicht hin. Es geht uns gut hier.«

Das Mädchen Robinson – Ein Aussteigerleben

Elfie Stejskal

Kein Tauchen, keine langen Bootsauffahrten, kein Flaschenfüllen! Erst jetzt, seit der Kompressor weg ist, merke ich, wie viel Zeit ich habe. Zeit, um das Dorfleben und die Leute kennenzulernen.

Crasim Mohammed Weesonge, der Ardschividani, untersteht dem Regierungsbeamten in Didu, wo die Distriktsverwaltung des Haa-Alifu-Atolls ist. Dort müssen alle neu gebauten Boote registriert werden, und dorthin leiten die Ardschividanis der verschiedenen Inseln die Aufstellungen der Kokosernten. Der jeweilige Distriktsbeamte wird vom Ministerium in Male eingesetzt. Nicht so die Ardschividanis, deren Stellung erblich ist. Der Bürgermeister stellt im Dorf die Exekutive dar. Er bestimmt, wann gemeinsam an den Rodungen gearbeitet wird und wer anpflanzen darf: Da die Ernte gleichmäßig verteilt wird, gibt es keine Streitpunkte.

Wenn der Ardschividani morgens auf seinem großen Tritonshorn bläst, dessen hohler, röhrender Ton durchs ganze Dorf schallt, nehmen alle Frauen ihre Besen und kommen zum Amtshaus. Es ist Zeit für die Dorfreinigung, die wöchentlich aufs Genaueste durchgeführt wird. Bläst er abends in dieses schöne Meeresschneckenhaus, so hören die Männer auf diesen Ton und versammeln sich im »Gentlemen's Club«, einem rundum offenen Haus in luftiger Strandnähe. Tagsüber werden hier Geschäfte mit dem Bananenverkäufer von Kella gemacht oder mit dem »fliegenden Händler«, dessen Koffer wahre Schätze birgt. Knöpfe, Gummibänder, Kämme, Zwirn, Zigaretten und sogar Sicherheitsnadeln, der Modehit der Saison. Diese Hütte oder Geschäftsstelle wird von Frauen nicht aufgesucht. (Außer von mir, aber ich zähle in Filladu ohnehin nicht zur Weiblichkeit.)

Der Ardschividani berät sich bei seinen Entscheidungen mit den älteren oder wichtigen Männern. Er stützt sich auch auf den Koran und auf die »Sunna«, Berichte über Leben, Wirken und Aussprüche des Propheten Mohammed, die im »Hadith« gesammelt wurden. Die Malediver sind ausnahmslos Muslims. Der sunnitische Islam ist seit 1153 Staatsreligion.

Die Vorschriften des Korans werden, soweit ich das beurteilen kann, mit gewissen örtlichen Abweichungen praktiziert. So unterliegen in Filladu die Männer nicht dem Zwang der fünfmaligen Gebetsrituale, die täglich vorgeschrieben sind, und begeben sich nur freitags geschlossen in die Moschee. Andererseits bemerke ich, dass die Männer an manchen Tagen nicht zum Fischen ausfahren und nicht im Dschungel arbeiten. Stattdessen versammeln sie sich in verschiedenen Hütten zu kleinen Gruppen, um gemeinsam religiöse Lieder zu singen, wobei sie ihre Köpfe bedecken und Weihrauchstäbchen anzünden. Dieses Ritual dauert von morgens bis abends. Neben ihrem festen mohammedanischen Glauben herrscht ein starker Glaube an Geister und an die Macht schwarzer Magie. Persönlichen Feinden kann durch Zauber Böses geschehen, ja diese können ihnen sogar den Tod bringen. Nicht jeder hat solche übernatürlichen Fähigkeiten. So werden zum Beispiel den Bewohnern des Addu-Atolls besondere Zauberkräfte zugeschrieben. Sie schreiben bestimmte Stellen des Korans, die nur sie kennen, auf ein Zettelchen und stecken dieses in eine hohle Kokosnussschale, die dann im Haus der betreffenden

Personen im Herdfeuer verbrannt werden muss. Was immer damit erreicht werden soll, tritt ein. Die Liebe einer Frau, das Gesunden eines Kranken, die Bestrafung eines Bösewichts.

Wie auf jeder Insel gibt es auch in Filladu eine Schule, wo alle Kinder unterrichtet werden. Es ist eine Kokoshütte, nicht anders als die Wohnhütten gebaut. Ich zähle etwa zwanzig Kinder verschiedensten Alters, die hier gemeinsam vor niederen Pulten hocken. Vor ihnen liegt auf v-förmigen Stützen der Koran, den sie während der sechs Jahre Lehrzeit lesen und verstehen lernen. Mir ist es nicht gestattet, dieses Buch mit ungewaschenen Händen zu berühren, und als ich das aus Unwissenheit tue, springen Kinder und Lehrer bestürzt auf, um mich davon abzuhalten. Schulkinder unterliegen einer Reihe von Regeln und Verboten, die sie stolz einhalten, weil es sie von den anderen unterscheidet. Sie dürfen nicht ohne Sarong und Oberbekleidung gesehen werden und dürfen zu bestimmten Stunden ihr Wohnhaus nicht verlassen. Auch ist es ihnen untersagt, in der flachen Lagune zu schwimmen und an den Spielen der anderen Kinder teilzunehmen. Das klingt hart, aber die Kinder, die vom Beginn der Schulzeit wie Erwachsene behandelt werden, nehmen das als selbstverständlich hin. Sie haben jetzt ihre Pflichten genauso wie die Großen. Ich habe noch nie beobachtet, dass je mit einem Kind geschimpft oder es womöglich geschlagen wurde. Die Kinder hängen an ihren Eltern und Verwandten und werden von ihnen mit Liebe und Zärtlichkeit verwöhnt. Sie helfen schon früh mit, für das Leben aller zu sorgen. Spielerisch, nicht im Sinne von Zwang. Diese Einstellung zur Arbeit verlieren sie auch im späteren Leben nicht.

Was gibt es an Unterhaltung im Dorf? Das Angebot ist nicht sehr groß. Kein Radio, kein Fernsehen, keine Vergnügungslokale, keine Sportplätze, keine Zeitungen (nur Male hat ein dünnes Blatt in Dhivehi), keine Bücher. Dafür haben sie viel Zeit für Gespräche, und das ist ihnen wohl die wichtigste Art der Zerstreuung. Kein Wunder also, dass sie sich über meine Anwesenheit im Dorf so freuen, biete ich ihnen doch laufend neuen Gesprächsstoff:

Auch das Geschichtenerzählen ist noch lebendige Tradition und beliebter Zeitvertreib: Groß und Klein versammelt sich um den Erzähler und lauscht atemlos seinen weitschweifigen Geschichten, die von der sagenumwobenen, heroischen Geschichte des Landes handeln.

An Spielen zum Zeitvertreib habe ich nur eines gesehen: ein etwa meterlanges, ovales Holzbrett mit sechzehn runden Vertiefungen, in die eine Anzahl kleiner Kaurimuscheln verteilt ist, die nach einem bestimmten System möglichst schnell in die große Mulde am Ende gebracht werden müssen.

Auch der Begriff Sport – Sport in unserem Sinne – ist hier unbekannt: Ich beobachte keinerlei Wettbewerbe oder überhaupt irgendwelche »sportliche« Betätigungen, die als solche bezeichnet werden könnten: Sie klettern behände wie die Affen auf Palmen, sie rudern und ziehen an Tauen, aber alles das nur zu rein praktischen Zwecken. Selbst Schwimmen gilt nicht als körperliche Ertüchtigung oder als etwas, was man zu seinem Vergnügen tut. Es ist nötig, um einen Anker heraufzuholen, und wenn dies an einem Riff im tiefen Wasser getan werden muss, ist es mit Angst vor den Haien, Mantas und Barrakudas verbunden. Nur die Kinder sieht man am Strand übermütig im seichten Wasser herumplanschen.

Von den Frauen waren viele in ihrem ganzen Leben noch nie im Wasser, und ich habe noch keine getroffen, die schwimmen kann. Was zweifellos auch durch die strengen Moralbegriffe, die hier herrschen, zu erklären ist.

Manches Mal gibt es auch Musik und Tanz im Dorf. Sie verwenden dazu große Trommeln, deren Klang immer von Gesang begleitet wird. Einmal kam auch eine Musikgruppe vom Baa-Atoll zu Gast. Fünf Männer mit »Bodu-Berus« – wie die Trommeln genannt werden – und mit kleinen runden Metallplättchen, die zwischen den Fingern aneinandergeschlagen werden. Außerdem hatten sie noch ein Instrument mitgebracht, das ich noch nie gesehen hatte. Es war ein halbmeterlanger Holzkasten, der vorne eine Tastatur trug und im Klang einer Harmonika ähnelte. Der Sänger – zugleich auch Tänzer – stellte nach unseren Begriffen so etwas wie ein Pop-Idol dar. Lockiges, gefettetes schwarzes Haar, ein Hemd in allen Signalfarben der Synthetikindustrie – und eine Armbanduhr von beachtlicher Größe. Auch eine Tänzerin begleitete die Gruppe. Höchstens fünfzehn Jahre alt, in einem hochgeschlossenen, kniekurzen Kleid, unter dem sie lange Röhrenhosen trug, und mit einem Schleier um Haar und Schultern. Ein kindlicher Typ, mit eckigen Bewegungen, wie eine Puppe, was ganz und gar nicht zu dem feurigen Temperament des Tänzers zu passen schien, der den werbenden Liebhaber verkörperte. Die Lieder, die den Tanz begleiteten, erzählten eine Geschichte. Erst liebt das Mädchen ihn, und er ist uninteressiert, verhöhnt sie, ihre Art, sich zu bewegen, ihr Aussehen, ihre dummen Reden. Dann, als sie traurig ihrem Leid Ausdruck verleiht, besinnt er sich und sieht sie plötzlich mit anderen Augen, verliebt sich in sie und hofiert sie. Jetzt aber ist sie die Stolze und lehnt ihn ab, worauf er sie auf den Markt bringt, wo die Männer – die Zuschauer – Geld für sie bieten sollen, was sie auch tatsächlich tun. Zwei Stunden dauerten diese Tänze, und viele Kaashis wurden beim Besitzer in Rupees umgetauscht, um die Tänze durch erneutes Aufbieten für das Mädchen zu steigern. Ein seltsames, augenfälliges Missverhältnis wurde bei dieser Darbietung deutlich. Mit einer entsprechenden Partnerin würde damit zweifellos eine starke erotische Wirkung erzielt. Aber weibliche Erotik hat in Filladu nichts zu suchen.

Die Rolle der Frau ist vor allem die der Mutter und der Hüterin des Hauses. Der Haushalt mit allem, was dazugehört, sowie das Nähen der Kleidung für alle unterliegen ihr. Von Kindererziehung in unserem Sinne kann nicht gesprochen werden, da die Kinder vollkommen zwanglos und frei aufwachsen. Bekommt die Frau keine Kinder, trennt sich der Mann von ihr, kommt aber weiterhin für ihren Lebensunterhalt auf. Frau sein – das bedeutet hier vor allem, in einer dienenden Rolle zu verharren, bedeutet auch, zu verschwinden, wenn Männer zu Gesprächen im Raum sind. Nie kommt es in der Öffentlichkeit zu irgendwelchen zärtlichen Gesten zwischen den Ehepartnern, die zeigen würden, dass sie tiefere Gefühle füreinander empfinden. Ihren Kindern hingegen zeigen die Väter rührendste Aufmerksamkeit, sie werden verhätschelt und liebkost. Die Mütter beobachten das mit zärtlichen Blicken, so als würde es ihnen selbst gelten, als wäre das Kind ihre Mittelsperson zur Liebe des Mannes.

Es kommt jedoch gar nicht so selten vor, dass die Frau auch einmal aus ihrer unscheinbaren, unterwürfigen Statistenrolle herausschlüpft. Die Hellhörigkeit der Kaashi-Hütten ließ mich oftmals unfreiwillig Zeuge nächtlicher Auseinandersetzungen werden, in denen nun die Frau den Hauptpart übernimmt. Sie nimmt sich kein Blatt vor den Mund, und alles, was ihr nicht passt und was sie am Tag schweigend geschluckt hat, kommt jetzt laut und temperamentvoll hervor. Sie streiten, dass es eine Pracht ist. Stundenlang, immer die gleichen Worte. Im Jambenrhythmus! Und die Nachbarn hören zu und lachen, und das Dorf hat für den kommenden Tag ein neues Gesprächsthema.

Man sollte annehmen, dass die Menschen hier, die Muße, Zeit und Fantasie haben, sich auch künstlerisch betätigen. Aber das ist ganz und gar nicht der Fall. So viel Nüchternheit und Schmucklosigkeit in der Form und Ausfertigung der Einrichtung und der verschiedenen Gebrauchsgegenstände habe ich noch nirgends sonst beobachtet. Alles ist nur zweckdienlich, ohne jedes schmückende Element. Das scheint aber nicht überall so zu sein. In Male sah ich am Pier Boote liegen, deren Steuerruder mit den schönsten Schnitzereien verziert und farbig bemalt waren, und Yusus Vater stellt ja auch ausschließlich Zierrat her. Vielleicht ist diese Nüchternheit nur auf den kärglichen, unerschlossenen Norden beschränkt. Handwerklich sind sie hingegen sehr geschickt. Sie verfertigen wunderschöne feste Körbe aus den in dünnen Streifen gespaltenen Stielen der Palmwedel, woraus auch ihre Schlafmatten geflochten werden. Sie können in wenigen Minuten aus den grünen Palmblättern verschließbare Dosen in allen Größen herstellen, die auch im vertrockneten Zustand noch fest und brauchbar bleiben. Aus Kokosschalen schneiden sie ihre kleinen, gewölbten Schöpfkellen für die Currys und fabrizieren daraus auch verschieden große Gefäße, indem sie aus zwei oder mehreren Kokosschalen den Boden herausschneiden und sie dann mit Pech übereinander kleben. Diese handwerkliche Geschicklichkeit ist schon bei den Kindern zu beobachten, die aus Bananenschalen und Palmblättern naturgetreue kleine Spielzeug-Battelis und -Donies basteln. Und die richtigen Boote? Mit nur einem einzigen Werkzeug, einer Axt, deren Eisenklinge mit Kokosschnüren am Schaft befestigt ist, bringen die Männer dieses Meisterstück des Handwerks zustande. Sie lieben ihre Boote und bauen sie mit viel Ausdauer und Geduld aus Kokosholz oder aus den schweren und beständigen Edelhölzern, die ebenfalls hier zu finden sind. Die Bauart entspricht der Tradition, und selbst heute noch werden die Donies mit Holznägeln zusammengehalten. Habe ich über alles berichtet, was in Filladu vorgeht? Ist das Bild vollständig gemalt in allen Farben der hiesigen Palette? Es fehlt noch das Grün. Die Hauptfarbe des optischen Bildes. Die Hauptsorge des Lebens; das, was alles andere ermöglicht: Essen und Trinken.

Getrunken wird vor allem Wasser. Nicht aus den Zisternen, deren Wasser alt, abgestanden und unsauber ist, sondern aus Wasserlöchern, die an verschiedenen Stellen des Strandes gegraben werden. Es ist ein verblüffend einfaches System, von dem mir bislang nichts bekannt war. Etwa sieben bis acht Meter von der Wasserlinie entfernt und einen Meter tief, füllt sich diese Grube mit Meerwasser, das absolut sauber und genießbar ist und gut schmeckt, denn die Sandmauer zum Meer hin wirkt wie ein Filter. Sie entzieht dem Wasser erstens das Salz und zweitens das für den Organismus schädliche Magnesium. Schon am nächsten Tag aber ist die Filterfähigkeit des Sandes geschwächt, und ein neues Loch muss gegraben werden.

Die Nahrungsmittel sind in der Reihenfolge der Bedeutung Kokosnuss, Brotfrucht, Bimbihirse, Reis und Fisch.

Es gibt auf der Welt keine andere Pflanze, die dem Menschen mehr Nutzen schenkt als die Kokospalme. Alles an ihr lässt sich in irgendeiner Weise verwerten. Und das, obwohl dieser Baum völlig anspruchslos und ohne jede Pflege gedeiht. Schon ein altes indisches Sprichwort sagt, die »Cocos-nucifera« (die Nusstragende) gewähre dem Menschen 999-fachen Nutzen. Da ist einmal die Nuss selbst, die etwa fünfzehn Monate braucht, um reif zu werden. Eine bestimmte Erntezeit gibt es nicht, da die Palme ständig neue Blüten hervorbringt. Die noch unreife Kurumba wird von den Insulanern selten gepflückt, da der Nutzen einer reifen Frucht – der Kaashi – größer ist. Die Kurumba ist also eher als Luxus oder Besonderheit anzusehen, etwas, was beispielsweise dem Gast angeboten wird. Die reife Kaashi mit ihrer harten Schale stellt zunächst eine gute Konserve dar. Noch acht Monate nach der Ernte kann man sie samt Saft genießen. Das Fleisch der Kaashi enthält Öle, Rohproteine, Kohlehydrate und hochwertige

Nährstoffe, die sie auf der ganzen Welt zu einem gefragten Rohstoff machen. Als Copra – Trockenfleisch – stellt sie einen der Hauptexportartikel des Landes dar. In Filladu findet sie in geriebenem Zustand in allen Speisen Verwendung, um sie nahrhafter zu machen.

Einige Male sah ich Haditscha bei der Ölzubereitung zu. Das ist eine lange und mühevolle Arbeit. Das auf einer flachen Eisenraspel zu Flocken geraspelte weiße Fleisch wird mit etwas kochendem Wasser zu einem dünnen Brei vermengt, den sie etwa eine Stunde lang mit den Händen bearbeitet. Es wird gepresst, vermengt, gepresst. Erneut schüttet sie kochendes Wasser dazu, bis es etwa zwei Handbreit über der milchigen Masse steht. Nach einem Tag schon haben sich die verschiedenen Bestandteile getrennt. Zuunterst liegen die faserigen, festen Rückstände, darüber das Wasser und zuoberst das reine, gelblich klare Kokosöl, das bis zum letzten Rest abgeschöpft wird, bis auf dem Wasser kein Fettauge mehr zu sehen ist. Das Öl enthält alle Nähr- und Geschmackstoffe der Nuss. Ich selbst verwende es außer zum Kochen als Haut- und Haaröl und wüsste mir kein besseres Produkt der Kosmetikindustrie.

Die Kokosstämme – die nicht wie unsere heimischen Bäume Jahreswachstumsringe tragen, weil es keine unterschiedlichen Jahreszeiten gibt – finden als Baumaterial für Boote und Häuser Verwendung. Aus dem Saft der angeschnittenen Knospenspitzen – »Ra« – erzeugen sie Zuckersirup. Die Blätter wie auch die festeren Blattstiele dienen als Flechtmaterial für Häuser, Matten, Körbe, Dächer. In manchen Ländern werden auch Tannin, Farbstoffe, Papier, Margarine, Kosmetika, Seife, Medikamente aus der Palme gewonnen und Futterstoffe für landwirtschaftliche Nutztiere. Auf dem indischen Subkontinent heißt die Palme Kolpa Vriksha – Baum des Himmels –, und dieser Name passt wohl am besten für sie.

Die Kokospalmen der Malediven sind zum größten Teil Staatseigentum, von dem aber alle profitieren. Jeder kann auf seiner Insel Nüsse ernten, so viel er will, muss davon aber genau fünfzig Prozent an das Insel-Office beziehungsweise an die Regierung abgeben, gewissermaßen als Steuer und Fremdbesitzanteil. Die Raffiniertheit dieses Systems wird einem erst klar, wenn man bedenkt, wie mühevoll es ist, jede einzelne Nuss zu ernten, wie weit die Männer die schweren Früchte, in der dicken Faserhülle zu Bündeln zusammengebunden, durch den Dschungel ins Dorf tragen müssen und wie wenig sie in Male auf dem Markt dafür bekommen (4 Kaashis = 1 Rupie = 50 Cent) – kaum ein halbes Pfund Reis!

Jeder scheint mit diesem System einverstanden zu sein, und es wird auch mit absoluter Genauigkeit und Ehrlichkeit eingehalten. Ich habe das selbst einmal als bittere Erfahrung erlebt, als sich Yusu auf einem Dschungelmarsch weigerte, eine Kurumba vom Baum zu holen, obwohl wir beide höllischen Durst litten und die Palmen voll mit Nüssen waren. Begründung: Das geht nicht, wir haben keine Bewilligung. Ja, ich weiß, Allah sieht alles. Aber ob er auch damit einverstanden ist, dass seine Kinder aus Steuergründen Durst leiden? Warum steht im Koran nichts über das Recht auf Kokosnüsse?

Auf Filladu gibt es viele Brotfruchtbäume. Sind die ein bis zwei Kilogramm schweren grünen, noppigen Früchte reif, fallen sie mit einem Plumps herab. Schon die Kinder kennen dieses Geräusch und laufen hin, sobald sie es hören. Denn wer sie findet, dem gehört sie. Es herrscht kein Mangel an Baboceos, da der Baum neun Monate lang reife Früchte liefert. Baboceos werden deshalb zu allen Speisen gereicht. Entweder im Ganzen gekocht oder – wie es mir am besten schmeckt – in ganz dünne Scheibchen geschnitten und in heißem Kokosfett gebacken.

Die Sorghum oder Mohrenhirse, hier Bimbi genannt, ist ein Rispengewächs und die einzige Pflanze neben der spärlich gedeihenden Süßkartoffel, die hier in Feldwirtschaft angebaut wird und in dem nährstoffarmen Boden gedeiht. Das Korn wird in großen hölzernen Mörsern von der Spreu getrennt und dann zwischen zwei runden Steinplatten zu Mehl gemahlen. Bimbimehl ist dunkel, die daraus gebackenen schmackhaften Bimbi-Roschis sind fast schwarz. Roschis werden aber auch aus Reis- und Maismehl gebacken.

Das »Brot der Tropen«, von dem sich heute mehr als ein Drittel der Weltbevölkerung ernährt, ist der Reis. In Filladu erscheint er gewöhnlich nur zwei- bis dreimal pro Woche auf dem Tisch, weil er hier nicht angebaut werden kann und für teures Geld (sprich Kaashi) in Male gekauft werden muss. Außerdem sind die Reisimporte Ausschussqualität – wie übrigens auch Teestaub –, Bruchreis, in dem kaum ganze Körner zu finden sind.

Bleibt als Letztes in der Aufzählung noch der Fisch. »Mass« stellt die größte Einnahmequelle der Bevölkerung der Malediven dar. Ohne Fisch wäre das Leben der etwa 119 000 Menschen nicht vorstellbar. Auf manchen dicht besiedelten Inseln (wie zum Beispiel Naifaro), wo keine Kokoshaine Platz finden und nur vereinzelt Brotbäume zwischen den Hütten existieren, hängt das Leben aller allein vom Fisch ab, der in Male gegen die anderen bescheidenen Güter getauscht werden muss. Maledivischer Trockenfisch ist ein gefragter Exportartikel in ganz Südostasien. Die steinharten Fischfilets sind sehr lange haltbar und behalten trotz langer Lagerzeiten ihren guten Geschmack. Die Malediver wissen, wie sehr sie von dem Eintreffen der jährlichen Schwärme abhängig sind. Sie haben deshalb eine besondere Einstellung zum Mass. Nie wird in Filladu mehr gefangen, getrocknet und gekocht, als absolut nötig ist, nie gibt es Überfluss, weder für den eigenen Bedarf noch für den Verkauf. Nie denken die Insulaner an Vorrat und eventuelle Notzeiten. Sie leben »von der Hand in den Mund«

und machen sich keine weitere Mühe und Gedanken. Materielles Denken oder auch Wettbewerbsdenken ist ihnen völlig fremd.

Von den vierhundertdreizehn Einwohnern Filladus (*mit* den Frauen gerechnet, wie sich der Ardschividani ausdrückte) sind achtzig Fischer, die auf den sieben Donies – den Booten – des Dorfes vier- bis fünfmal pro Woche auf Fang fahren. Die Männer, die keine Fischer sind, arbeiten im Dschungel bei der Kokosernte, als Holzarbeiter und als »Ra«-Sammler. Oder sie üben jene Tätigkeiten aus, die gerade anfallen, wie Netze flicken, Taue drehen, Hütten bauen, Boote reparieren und Matten und Körbe flechten.

Die Voraussetzung für eine solche Art von Gemeinschaft wird in Filladu lückenlos erfüllt: Es wird geteilt. Wie in einer großen Familie (und das ist Filladu), wo jeder von dem Vorhandenen bekommt oder sich alle gleichermaßen bescheiden müssen. So ist es mit dem Kaashi-Ertrag, mit den Feldernten und mit dem Fisch.

Es ist Donnerstagabend. Es kann kein anderer Abend der Woche sein, denn nur am Donnerstagabend geht ein alter Mann durch alle Wege des Dorfes, mit einer Bodu-Beru um den Hals gehängt, trommelt auf ihr und bleibt in der Mitte jedes Weges stehen, um den Feierabend auszurufen. Es ist ein alter Brauch. Er ruft aus, dass die Woche um ist, dass morgen der Tag der Ruhe ist und dass alle Männer zu den Bootshäusern kommen sollen, um gemeinsam die Donies an Land zu ziehen.

Für mich gibt es keinen Feierabend oder Sonntag. Die Zahl der Leute, die um Medikamente und Rat kommen, nimmt stetig zu, sie kommen sogar schon von anderen Inseln.

Am nächsten Morgen drücke ich mich mit der Kamera in der Nähe der Moschee herum. Gebete, die sie gemeinsam sprechen, dringen heraus, Predigten und Gesänge, die sich mit dem Krächzen der Krähen vermischen. Ich würde gerne drinnen Filmaufnahmen machen, während sie alle am Boden knien. Aber allein schon die Tatsache, dass ich mich mit der Kamera bis zur Zisterne hinter der Mauer vorwage, trägt mir starre, ernste Blicke ein, die einer Rüge gleichkommen.

Um die Männer wieder zu versöhnen, packe ich am Nachmittag das Tonbandgerät aus und spiele ihnen das Band vor, das ich damals von der Musikgruppe aufgenommen habe. Das halbe Dorf kommt angerannt und versammelt sich im Halbkreis um die Hütte. Die Frauen lachen, die Männer nicken wohlwollend, und die Kinder machen Kugelaugen und bohren in der Nase. Es ist für sie völlig unbegreiflich, dass die Lieder, die sie vor zwei Wochen hier gehört haben, dass genau diese Lieder jetzt aus diesem Gerät kommen. Immer wieder muss ich die Stelle spielen, wo einige Zwischenrufe eines Dorfbewohners zu hören sind, und ihr Gelächter will nicht enden.

Yusu war zum Bürgermeister gerufen worden. Jetzt kommt er zurück mit einem Zettel, auf dem geschrieben steht: Warum machst du nicht hier Musik?

Der Ardschividani fühlte sich bei dieser öffentlichen Volksbelustigung offenbar übergangen. In gewissen Dingen zeigen sie Feingefühl. Ich werde also abends auch in seinem Haus Musik machen.

Von seinem Haus werden wir in das Haus Fatismas gerufen. Von fröhlich ausgelassener Stimmung – in die düstere Atmosphäre der Krankheit. Es geht Fatisma jetzt so schlecht, dass sie nicht mehr zu mir kommen kann. Ich fürchte, dass auch sie, neben etlichen anderen Krankheiten, das Sumpffieber hat. Es ist unglaublich. Sie soll nur ein Jahr älter sein, als ich es bin. Aber die Kranke, die hier vor mir auf dem Holzbrett liegt, ist eine alte Frau. Bedrückt entschließe ich mich abermals zu einem Resochinstoß.

Wenn ich abends in die Hütten eingeladen werde, teils zum Spaß, teils um nach Kranken zu sehen, werde ich überall bewirtet. Die Leute wollen sich dankbar erweisen, und vielleicht ist es auch eine Art von Bestechung, um diese Quelle der Gesundheit, wie sie es sehen, am Sprudeln zu erhalten. Natürlich besteht die Gefahr, dass ich mich anstecke, dass auch ich krank werde, denn nicht gegen alle diese Krankheiten bin ich geimpft. Das ist mein Risiko. Aber für mich gibt es immer einen Ausweg. Ich kann nach Europa fliegen, um geheilt zu werden. Diese Menschen hier können das nicht.

So schön und interessant, so natürlich und grausam das Leben in Filladu ist, so vollkommen und ausschließlich nehmen auch die Menschen von mir Besitz. Nicht einmal meine Gedanken haben mehr die Freiheit, von Filladu wegzuwandern. Ich könnte mit Zwang ein wenig Distanz schaffen, doch das wäre nicht richtig. Es war mein Wunsch, in die Gemeinschaft integriert zu werden. Und so soll es auch bleiben. Zu jeder Tages- und Nachtstunde kommen sie um »Bes«. Wenn ich beschäftigt bin, setzen sie sich auf Yusus Holztisch, sehen mich an und warten geduldig.

Anfangs machte es mich nervös, dass sie einfach hereinkamen, dass ich ununterbrochen von Menschen umgeben bin, die mir kein bisschen Privatsphäre lassen und mir bei allem zusehen. Inzwischen habe ich mich auch daran gewöhnt. Jeder ist überall zu Hause, jeder nimmt am Leben aller teil. Wenn ich im Dorf spazieren gehe und müde werde, suche ich jetzt auch die nächstbeste Hütte auf, lege mich auf einen Holztisch und lasse mir einen Fächer geben, um Kühlung zu bekommen.

Wenn es mir manchmal doch zu viel wird, überlasse ich es Yusu, mich abzuschirmen. Seine Diplomatie kennt wenig Feingefühl.

»Annanee ist müde, sie schläft und hat jetzt keine Zeit für

euch. Außerdem gibt es ›Bes‹ nur von fünf bis acht!«, fertigt er sie rigoros ab. Die Leute nicken, lächeln, akzeptieren es kommentarlos. Ich bringe das nicht über mich, sie so wegzuschicken. Ich fürchte immer, sie mit Worten zu verletzen oder durch eine unbedachte Handlung gegen Bräuche zu verstoßen. Sie sind so gastfreundlich und geben das Letzte von dem wenigen, das sie haben. Wie könnte ich ihnen die Tür weisen?

Schwierig ist es für mich auch jedes Mal, wenn ich einmal einkaufe anstatt Yusu. Hickie-mass, Ra, Baboceo, Bimbi, was immer – nie nennen sie einen Preis, und immer sind sie mit dem zufrieden, was ich für angemessen halte. Um nur ja nicht durch einen zu niedrigen Preis die Ware als minder zu klassifizieren, gebe ich immer so viel, dass ich mit Sicherheit kein schlechtes Gewissen haben muss. Andererseits bringen sie mir in die »Medizinstunde« so viel Geschenke in Naturalien, dass ich für das wenige, was ich ihnen abkaufe, nie zu viel zahlen kann. Es lebt sich billig auf der Insel.

Cooky, der schweigsame Koch vom Batteli, schleicht seit einigen Tagen in auffallender Weise ums Haus herum. Was will er? Er spricht nicht, wie das eben seine Art ist, aber ich sehe ihn andauernd. Manches Mal versucht er auch, sich irgendwie nützlich zu machen. Er bringt Holz, macht Feuer, reinigt den Fisch, holt Wasser. Was steckt dahinter?

Fatisma, die seit zwei Tagen Resochin schluckt, zeigt eine optische Besserung. Sie hat auch keinen Durchfall und Schwindel mehr. Ich freue mich nicht zu früh, es kann auch ein vorübergehendes Hoch sein.

Drei Wochen bereits, und noch immer kein Lebenszeichen von meinem Kompressor. Das Tauchen fehlt mir sehr. Jetzt merke ich erst, wie vorteilhaft die täglichen Ausfahrten und Tauchabstiege waren. Nie war ich während der heißesten Stunden im Dorf, wo die drückende Kraft der Mittagssonne doppelt spürbar ist. Es ist kaum auszuhalten, jede Armbewegung kostet Überwindung. Ich beschließe daher, auch ohne Kompressor wieder täglich mit dem Donie auszufahren. Ich sehe mich nach interessanten neuen Tauchplätzen um und jage Fische. Mustapha und Babyface begleiten uns, und immer auch ein paar von ihren Freunden.

Beim Harpunieren habe ich fast immer Glück. Oft hole ich einen riesigen grauen Barsch von vier bis fünf Kilogramm heraus und manchmal sogar eine Languste. Beine, Fisch wie auch Krustentier, sind den Einheimischen unbekannt, da die Fischer mit ihrer Fangmethode auf offener See immer nur die gleichen Fische fangen können. Meine Jungs essen alles, was ich fange, ja sie bezeichnen überhaupt alles, was ich koche, als sehr gut, kritiklos, was es auch sein mag. Wie zum Beispiel heute Abend die »Würmer«. Schnell sprach es sich im Dorf herum, was es heute bei uns zu essen gibt, und alle kamen, nahmen einen »Wurm« und wickelten sich ihn ums Handgelenk, um denen zu Hause zu beweisen, dass das Gerücht wahr ist. Hat man über Spaghetti je so gestaunt?

Manchmal bereite ich die Bonitos anders zu als hier üblich, also nicht als Fisch-Reis-Curry. Ich wickle sie, gewürzt mit Chilisoße, Salz und Pfeffer, zusammen mit ein paar Bananenscheiben in Folie und brate sie in der Holzglut. Alle kosteten davon, und alle fanden es gut. Ich fragte sie, warum sie immer nur getrockneten oder geräucherten Fisch verwenden und ihn immer auf die gleiche Art als Curry zubereiten. Ist noch nie jemand auf die Idee gekommen, frischen Fisch zu braten, backen oder zu dünsten? Nein. Wenn überhaupt, dann wird er nur gekocht: Warum, das konnten sie nicht beantworten oder begründen. Wir haben es immer so gemacht, sagten sie. Ob sie befürchten, dass der Fisch schlecht wird, wenn er nicht gleich gekocht wird?

Tausend Inseln und ein Boot – Allein unterwegs

Heinz Pack

Zwischen dem Korallen-Steinhaus und der Laubhüttenküche befindet sich das Köstlichste, was jede von Einheimischen bewohnte Insel bietet: der hauseigene Süßwasserbrunnen. Touristeninseln können so etwas nicht vorweisen. Dort duschen sich manchmal noch die Touristen mit übel riechendem Brackwasser. Hochwertiges Duschwasser liefern moderne Entsalzungsanlagen. Die gibt es nicht nur in Male, sondern auch auf teuren Hotelinseln, die jeden Luxus bieten.

Saeed hat um seinen Brunnen einen Sichtschutz aus alten Palmwedeln aufgestellt. Eine ebensolche Tür hängt an Kokosleinen, deren tragendes Stützholz ruht in der Mulde des Bodens einer mit dem Hals nach unten eingegrabenen Flasche. So lässt sie sich leicht und ohne Abrieb wie in einem Kugellager schwenken. Verschließbar ist sie von innen, und zwar mit einem zurechtgebogenen Haken aus Draht.

Die aus Korallengestein und Zement gemauerten Brunnenwände sind sauber verputzt und ragen einen Meter über den Boden. Der Brunnen ist höchstens zwei Meter tief. Sein Boden besteht ebenfalls aus glattem Zement und hat in seiner kreisrunden Mitte ein Loch, durch das ständig frisches Wasser aus dem Untergrund artesisch nachströmt, wenn man diesen Strom nicht mit einem Holzstopfen bremst.

Einen Brunnendeckel gibt es nicht, darum fallen schon mal trockene Zweige und Blätter hinein. Das erfordert hin und wieder eine Reinigung, indem der Brunnen regelrecht leer geschöpft wird. Moskitos haben freien Zutritt, ihre Larven wirbeln erschreckt in Richtung Boden, wenn man das Schöpfgerät, eine Blechdose an einem langen Stiel, eintaucht. Manchmal hat der Brunneneigner zwecks Reduzierung dieser Larven kleine Süßwasserfische eingesetzt.

Die Wassergeräusche am Brunnen sind akustische Wahrnehmungen, nach denen man hier lechzt, die Träume füllen können, weil sie ein Wohlgefühl bescheren, das dem Begriff Wasser etwas Mystisches verleiht, gleichbedeutend mit Leben.

Das verbrauchte Nass rinnt in eine Grube unmittelbar außerhalb der Sichtschutzwand, versickert dort im porösen Untergrund, der es filtert und wieder in das Grundwasser gelangen lässt, womit sich dieser kleine Wasserkreislauf schließt.

Es ist verständlich, dass die kleinen Geschäfte der Menschen auch schon mal diesen Weg gehen, auf den sie, verdünnt mit reichlich viel Wasser, aus dem Brunnen geschickt werden – besonders nachts, wenn Geister auf der Insel ihr Unwesen treiben.

In der feuchten, nährstoffreichen Grube gedeihen beispielsweise Bananenstauden vorzüglich. Irgendwie clever gedacht und umgesetzt. Die Brunnen der Moscheen dagegen sind nur für die rituellen Waschungen bestimmt. Sie geben danach relativ klares Wasser ans Erdreich zurück. Darum schöpft die Dorfbevölkerung aus ihnen gerne das Wasser zum Kochen, wenn das Regenwasser in den Zisternen verbraucht ist. Die unmittelbare Nachbarschaft der Gräber zu Moschee und Brunnen lasse ich besser unbeachtet.

Solch ein ganzjährig nutzbares Badezimmer unter freiem Himmel ist nur in diesen Breitengraden denkbar. Auf den

Malediven ist es innerhalb einer moslemischen Dorfgemeinschaft der einzige Ort, wo Nacktsein unter freiem Himmel möglich ist und angstfrei genossen werden kann.

Und das tue auch ich mehrmals am Tage.

Halimas Küche

Die Wände der Kochhütte bestehen aus entblätterten Stielen abgefallener Palmwedel. Sie sind mit Bast oder Kokosleine eng aneinandergebunden wie eine Art Gitter, das Luft und Rauch passieren lässt. Halimas derzeitige Küche hat am Boden drei ausgemauerte Feuerstellen. Töpfe, Teekanne, selbst die Pfanne sind aus Aluminium.

Die Herdplatte ersetzen eiserne Stangen, die über die Feuerstelle gelegt sind. Darüber hängen ebenfalls an Kokosleinen Ablagen in Material und Machart der Wände, die all das aufnehmen, was geräuchert werden soll.

Dichte, selbst gefertigte Matten aus den Fiederblättern der Palmwedel bilden den Dachbelag auf einem Dachstuhl aus Zweigen. So einfach und umweltfreundlich kann eine Küche gebaut sein. Sie erfüllt ihre Funktion und ist obendrein noch urgemütlich. Düfte nach verkohltem Holz, Holzteer und geräuchertem Thunfisch geben diesem Ort die urige Note. Dieser Ort animiert mich zum Philosophieren.

Das Vorbereiten des Feuers, das Anzünden und Schüren, bis es die Nahrung gegart hat, wir hungrig essen können, was wir selbst gepflückt, ausgegraben und erjagt haben, erfüllt mit innerer Genugtuung und mit Dank. Wer hier noch so lebt, genießt die Früchte seines Tuns unmittelbar im wahrsten Sinne des Wortes. Die Sonne, die Erde, das Meer geben ihm zu essen und zu trinken, und das ermöglicht ihm zu leben!

Das Mahl ist beendet. Geschirr und Töpfe sind mit dem

kalten Brunnenwasser ohne Zusatz von Spülmitteln gereinigt und verstaut worden. Der Körper hat Zeit zur Verdauung, derweil die Seele Ruhe und Frieden atmet.

So verläuft auch mein maledivischer Alltag unter Fischerfamilien. Es ist ein gesundes Leben, ohne Hetze und Terminnot, ohne Zeit- und Kraftverschwendung an fragwürdige, im Grunde völlig unnütze Bedürfnisse und Angebote. Hier begegne ich einer total anderen, der ursprünglichen Welt.

Wie kann es anders sein, in meinem Denken prallen in diesem Umfeld die krassesten Gegensätze aufeinander. Natürlich kommen mir Gedanken an Supermärkte, Werberummel, Börsenstürze. Meinungshickhack, Medienspektakel, derweil ich Halima zuschaue, wie sie Körner im Mörser zerstampft und dabei fröhlich schwätzt und lacht. Ich muss vergleichen, abwägen, habe Fragen ohne Ende, über die ich hier mit keinem Menschen sprechen kann.

Wie kompliziert und gefährdet lebt doch unsere Industriegesellschaft. Wenn bei uns für längere Zeit der Strom ausfällt, der Müll nicht abgefahren wird, ist das Chaos perfekt. Könnten wir es ohne Auto und Fernsehen überhaupt noch in den Städten aushalten? In vierzig Jahren soll kein Erdöl mehr verfügbar sein. Werden dann alternative Energien an seine Stelle getreten sein? Wohin entwickelt sich die Menschheit? Werden wir in wenigen Jahren vom Wahnsinn, der Mafia oder von fanatisch religiösen Killerbanden beherrscht?

Hier, auf den abgelegenen Inseln leben die Menschen größtenteils noch naturbezogen. Auf mich wirkt das beispielhaft. Wie gesund und schön kann gerade das einfache Leben sein, wenn es so gewollt ist. Ich wandle aufmerksam durch diese Inseldörfer, als befände ich mich in einem naturhistorischen Museum. Es ist so, als hätte ich als Mitglied einer Überfluss- und Wegwerfgesellschaft noch sehr viel zu lernen. Brot und Backöfen kennen meine Insulaner nicht.

Was nicht am Boden stehen soll, findet Platz auf Brettern, die als Strandgut ankamen und nun mit Kokosleinen hochgehalten werden. Alte Keks- und Trockenmilchdosen bergen Zucker, Mehl, Reis, Salz, Zwiebeln und diverse inseleigene Trockenfrüchte, damit die Mäuse und Ratten nicht rankommen.

»Heinz, hier kannst du nicht essen! Es ist alles zu primitiv«, entschuldigt sich Saeed.

Wir gehen in die Hütte nebenan, in der ein Tisch mit einer Glanzdecke und ein Sitzbrett davor das Mobiliar darstellen. Ungewöhnlich für ein Esszimmer ist die Schaukel, aufgehängt am Dachstuhl, auf deren Sitzbrett zwei erwachsene Personen bequem Platz finden. Richtiges Porzellangeschirr mit knalligen Blumenmustern sind Anzeichen beginnenden Wohlstandes. »Ich werde meiner Familie ein großes Steinhaus bauen mit vielen Räumen, einen davon für dich und deine Frau. Im Moment kann ich dir nur diese simple Hütte anbieten.«

»Saeed, du irrst. Wenn ich Komfort haben wollte, käme ich nicht zu euch. Den bieten große Hotels in fast allen Ländern der Erde.

Keine noch so teure Luxusküche verschafft mir so viel Behaglichkeit wie deine Hütte. Unser Wohlstand bringt uns um den Verstand und vergiftet Erde, Wasser und Luft. Ihr belastet mit eurer Lebensweise nicht die Natur. Ihr seid mir Vorbild in eurer natürlichen Einfachheit. Wollt ihr etwa unsere maßlose, selbstmörderische Lebensart nachahmen?«

Aber was rede ich da? Wie kann ich erwarten, von Saeed verstanden zu werden?

»Heinz, ist deine Insel zu Hause auch so groß wie Himandhoo? Habt ihr auch so viele Palmen, und haben sie auch so viele Nüsse wie bei uns?«

Saeed und ich sitzen am Tisch auf der Bank. Vor uns steht ein Teller mit Roschis. Dazu gibt es Fischsuppe mit geröstetem Muschimass und heißen, süßen Tee.

Nach jedem Mahl kaut der maledivische Mann Betelnussscheiben, die er in ein frisches grünes Tabakblatt einrollt.

Eine Messerspitze voll gebranntem, danach gelöschtem Kalk kommt aufs Blatt, wie bei uns etwa Senf aufs Brot, damit das im Blatt enthaltene Barbiturat aufgeschlossen und wirksam werden kann.

Wie man danach süchtig werden kann, ist mir schleierhaft, denn die Mischung schmeckt grauenvoll. Eine Zigarette oder Bidi beendet das maledivische Mahl.

Das alles ist völlig legales Brauchtum. Alkohol, Haschisch, Marihuana, Heroin, LSD sind dagegen auf den Malediven strengstens verboten. Einfuhr und Genuss werden unnachsichtig hart bestraft.

Meine Insel der Superlative

Ich sehe sie wie einen dicken, dunkelgrünen, waagerechten Strich vor mir liegen. Westlich von ihr noch einen, aber dieser ist schmaler. Beide liegen auf dem hellgrünen Teller ihrer weiten Lagune. In gut einer Stunde könnte ich sie erreicht haben, aber Petrus hat die Windmaschine abgeschaltet. Dieses schöne, weite, warme Meer schläft und mit ihm die ganze Natur. Aber sie atmet noch mit einer Windstärke aus Nordost. Der Strom läuft uns zwar mit 1,5 Seemeilen/Std. entgegen, aber ich krieche erst mal ein paar Meilen nach Südost und kreuze weit draußen auf Kurs Nordnordwest. Der Tropentag hat zwölf Stunden, von sechs bis achtzehn Uhr. Jetzt ist es erst acht Uhr Male-Zeit. Wer heute segelt, wird nicht nass.

Es muss Sonntag sein. Ruhetag! Der Ozean hält sich dran. Und ich? Wie sehe ich aus? In welchem äußeren Erscheinungsbild begegne ich der einzigen Familie, deren Inseln ich ansegele? Aber erst mal bin ich über Stunden auf diesem friedlichsten aller Meere mit meinem voll gepackten Hobie-Cat, und zwar ganz allein. Hier scheint es keine Boote zu geben.

Gegen Mittag rutschen wir, mein Cat und ich, über das Riff in die Lagune der beiden Inseln. Ich erkenne auf der Palmeninsel vier menschliche Gestalten als unterschiedlich lange, schwarze Strichmännchen auf weißem Grund. Sie laufen auf kürzester Distanz an ihrem Strand mit und winken einladend mit den Armen. Ich bin willkommen. Angepasster und herzlicher kann man es mir nicht mitteilen. Ich segele aber erst etwa eine Seemeile entfernt von der Palmeninsel auf die lange Buschinsel im Westen zu. Die Gestalten winken immer heftiger, als wollten sie mich vor einem Irrweg bewahren. Sie erkennen nicht, dass ich bei der augenblicklichen schwachen Luftströmung diesen Kurs segeln muss, um ihre Insel zu erreichen. Im günstigen Winkel angekommen, mache ich eine Wende und halte auf diese Insulaner zu. Auf Halbwindkurs läuft mein Boot schneller. Im Näherkommen höre ich die Menschen rufen: »Hallo, *anane* – komm!«

Das beschwingt mich. Ich erkenne eine junge Frau, ein kleines Kind, einen Teenager und einen älteren Mann. Meine neuen Gastgeber sind eine komplette Familie. Es macht mir, wie so oft, auch diesmal Spaß, mit meinem Boot ohne Vorwarnung auf den Sandstrand zu fahren. Einheimische rechnen nicht damit. Sie kreischen und lachen auch hier.

»Das ist Don Carlo, das ist Taslima, meine Nichte, und dieses hier ist meine Tochter Omu. Ich heiße Marina. Und du?«

»Ich heiße Heinz und komme aus Deutschland.«

»Komm, Heinz, lass uns zu den Hütten segeln!«

Mit einem Satz springt Marina auf mein Trampolin und greift sofort zum Stechpaddel. Eine solche spontane Handlungsweise habe ich bei einer maledivischen Frau noch nie gesehen. Wir gleiten langsam im Windschatten der Insel nach Norden zu ihren Hütten. Die beiden Mädchen und Don Carlo gehen am Strand mit, immer auf gleicher Höhe. Omu schreit aus Leibeskräften, weil der fremde weiße Mann mit ihrer Mutter wegfährt. Taslima versucht, sie zu beruhigen, was aber nicht gelingt. Auch die tröstenden Zurufe ihrer Mutter vom Katamaran aus können das Kind nicht beruhigen. Bis zu den Hütten sind es nur hundertfünfzig Meter.

Wir sind da. Marina trocknet Omus Tränen. Dabei gibt sie laute Anweisungen an alle. Don Carlo muss sofort Trinknüsse holen, Taslima soll den Teetopf aufs Feuer setzen.

Der Tee schmeckt nicht brackig.

»Wir haben gutes Wasser, Heinz.«

Ein Wunder ist geschehen. Ich spüre instinktiv: Dieses ist sie, die lang gesuchte Trauminsel der Superlative! Hier ist alles Wesentliche vorhanden: Laubhütten, keine Steinhäuser, keine herumliegenden Abfälle und verschmutzten Strände, ein Brunnen mit Trinkwasser und vor allem liebe, freundliche und fröhliche Menschen! Ihnen gehört diese herrliche Insel, auf der Palmen aller Größen, Büsche und Heidekraut wachsen.

Rundum haben sie einen makellosen Sandstrand und nach Norden eine weit ausladende Sandzunge, auf die ich zur Nacht meinen Katamaran ziehe, um dort ungestört und ungezieferfrei unter seinem Zelt zu schlafen. Auf dieser Insel, in ihrer Lagune, unter diesen Menschen fühle ich mich sofort gut aufgehoben und geborgen wie nie zuvor.

Marina bereitet ein Mittagessen: Reis, Massuni, grünen Blattsalat ohne Beigaben, als Nachtisch gebackene süße Fladen und Tee.

»Heinz, du musst Durst haben!« Prompt steht schon ein Becher mit Tee vor meiner Nase.

»Hallo, Heinz, komm, du musst essen!« Um mir das zu sagen, läuft sie die etwa dreihundert Meter lange Insel nach mir ab und freut sich, wenn sie mich gefunden hat. Manchmal schickt sie Taslima nach mir aus. Jeden Tag hat sie etwas anderes auf den Tellern, denn einen Tisch haben sie nicht. Geflochtene Matten aus Blattwerk dienen ihnen als Sitzfläche und nachts als Matratze. Stelle ich meine Fototasche irgendwo auf dem Boden ab, kommt Marina sofort gelaufen und setzt sie auf eine Matte. Sie schaut mir immer forschend ins Gesicht, um herauszufinden, was ich benötige.

Englische Vokabeln behält sie besser als ich diejenigen in Dhivehi, ihrer Landessprache. Sie hat das Zeug für eine Musterschülerin, ist vielseitig interessiert und enorm lernfähig. Sie lacht gern. Bei der Arbeit singt sie, immer flink auf den Beinen. Manchmal hüpft und tanzt sie eine Strecke, wie ein ausgelassenes Kind. Sie ist mit ihren einunddreißig Jahren so alt wie meine älteste Tochter.

Dem Teenager Taslima macht sie Feuer unter den Sandalen. Das große Mädchen gehorcht ihr lachend und kontert scherzend. Omu ist meist mürrisch, eher passiv und heult viel ohne ersichtlichen Grund. Gewiss, sie ist noch klein, aber sie scheint nichts vom Wesen ihrer Mutter geerbt zu haben.

Don Carlo ist nicht gesprächig. Aber er ist ein Schalk, der gerne bubenhafte Streiche ausführt, sich maskiert und zum Rhythmus der Holzlöffel tanzt, die auf Kochtöpfen trommeln. Dabei erscheint er mir gnomenhaft, ein bisschen wie Rumpelstilzchen. Als Schlagzeuger bewährt sich Taslima, die ab und an von Marina unterstützt wird, die dann noch dazu singt. Ich sitze dabei und genieße diese wohl einmalige Szenerie auf der Freilichtbühne einer kleinen Robinson-Insel im Indischen Ozean, auf der nur fünf Menschen wohnen.

Eines Nachts bemerke ich einen hellen Feuerschein auf der Lichtung mit den Hütten. Mein Gott, was ist passiert? Ich renne hin.

Da sehe ich, wie Marina ganze, trockene Palmwedel in ein großes Feuer wirft. Taslima und Oma sind nicht zu sehen. »Marina, was ist los? Warum machst du das?«

Im Schreck fährt sie herum, erkennt mich im hellen Feuerschein sofort und ruft mir zu: »Heinz, Don Carlo ist zur Südspitze zum Fischen gegangen, und er ist noch immer nicht zurück. Vielleicht haben ihn die Geister geholt. Dann werden sie kommen, um auch uns zu holen. Das Feuer vertreibt sie!«

»Aber Marina, sie werden nicht kommen, ich bin doch hier!« Seltsam, wie meine Rede beruhigend wirkt. Sie lässt das Feuer ausgehen.

»Geh nur wieder schlafen, ich weiß, dass die Geister nicht auf eure Insel kommen werden!«

»Do, Heinzo, do – ist das wahr, Heinz?«

Sie begibt sich wieder in ihre Wohnhütte zu den Kindern, und ich gehe zurück zu meinem Boot und krieche unter das Zelt. Gerade drehe ich mich um, da sehe ich die Schatten der zwei Frauen auf mich zukommen. Marina hat die schlafende Omu auf dem Arm.

»Heinzo, lass uns bei dir bleiben, wir haben Angst!«

Sie kauern sich vor meiner Zelttür nieder in den Sand. Don Carlo hat den hellen Schein des Feuers wohl bemerkt und richtig gedeutet. Er holt seine Schutzbefohlenen ab, ohne einen Fisch gefangen zu haben.

Der Glaube an Geister und die Angst vor ihnen ist in der Geschichte dieser Inselmenschen begründet. Es wird berichtet, dass beispielsweise Katzenmenschen nachts auf die Inseln kamen und mordeten und raubten. Natürlich kennt jeder Erwachsene derartige Geschichten, die er an junge Menschen weitergibt. So bleibt Historie lebendig. Doch es fehlt der aufklärende Zusatz, wie etwa: »Das sind böse Menschen, Piraten gewesen, die sich tagsüber auf einer der vielen Inseln versteckt hielten, um dann bei Dunkelheit Beute zu machen, um gleich danach wieder spurlos zu verschwinden.«

Meine Gegenwart hat Marina verwandelt. Sie ist ein wenig aus dem Häuschen. Was geht in ihr vor? Hat sie sich in mich verliebt? Bloß das nicht, denn Don Carlo sähe das bestimmt nicht gern. Er ist ihr älterer Bruder. Ihr Ehemann hat sie und das Kind verlassen. Nun hilft sie ihrem Bruder bei der Bewirtschaftung dieser Insel, bekocht und versorgt ihn und die Kinder.

Einmal sitzen wir nebeneinander, als sie meine Hand nimmt und sie streichelt.

Würde sie außerhalb der Ehe mit einem Mann eine intime körperliche Beziehung eingehen, bekäme sie als Moslemin hundert Geißelhiebe auf den Rücken und würde anschließend drei bis fünf Jahre auf eine weit entfernte Fischerinsel verbannt. Der Mann würde materiell bestraft und käme obendrein ins Gefängnis.

Da Marina oft und gerne meine Hand nimmt, frage ich sie, warum sie das tut.

»Heinzo, ich liebe dich nicht wie meinen Ehemann. Als ich noch ein kleines Kind war, behielt das Meer meinen Vater. Nun ist er als Heinz über das Meer zu mir zurückgekehrt, und darum bin ich sehr glücklich. Du darfst nicht mehr weggehen.«

Etwa dreihundert Meter westlich liegt die lang gestreckte Buschinsel, auf der nur eine einzige Palme sichtbar wächst.

Auf dieser Insel steht ein Leuchtfeuer für die Schifffahrt, das mit einer modernen Solaranlage betrieben wird, aber nie leuchtet. Die Batterie ist wohl kaputt. Von dort oben habe ich einen schönen Blick auf unsere Insel und über die Lagune.

Don Carlo möchte auf der Buschinsel gerne nach Schildkröten- und Vogeleiern suchen. Ich kann ihm die Überfahrt nicht abschlagen, wünsche aber insgeheim, dass er kein Schildkröten-und Vogelnest finden möge.

Wir fahren alle hinüber. Weil sich das Setzen der Segel nicht lohnt, bedienen wir uns der beiden Stechpaddel. Auf einem Hobie-Cat 16 haben sie natürlich nie gesessen, Marina ausgenommen. Sie werden gefahren und genießen das wie einen Ausflug am Feiertag. Das Trampolin bietet uns allen reichlich Platz. Niemand von uns ist schwerer, als er sein darf. Die Eiersuche verläuft für Don Carlo zu meiner stillen Freude erfolglos. Dafür kommen als Treibgut eine Schnapsflasche und eine leere Coladose, eine Netzboje und ein paar Stücke bearbeitetes Treibholz ins Netz meines Bootes. Immerhin, für Don Carlo hat sich die Überfahrt gelohnt.

Wie diese beiden Inseln mit Namen heißen, darüber besteht keine Einigkeit. Die Palmeninsel muss Rangalifinolhu und die Buschinsel Dunifinolhu heißen. Marina meint, es verhielte sich umgekehrt. Dieses Atoll hat wohl schon öfter Verwirrung angestiftet, denn auf der amtlichen Seekarte ist nur die Palmeninsel Rangalifinolhu eingezeichnet.

Ich beobachte diese Menschen mit großem Interesse aus der Distanz, um sehen zu können, wie sie miteinander umgehen. Taslima ist Marinas Schülerin, hört ihr bereitwillig zu und folgt ihr, als wäre das selbstverständlich. Don Carlo ist als Gemütsmensch die Ruhe selbst. Mit ihm gibts keinen Streit.

Sie schreien sich nie an, obwohl Marina sehr temperamentvoll ist. Jeder von ihnen fühlt sich für den anderen verantwortlich, ohne ihn zu gängeln. Ich lebe als voll integriertes Mitglied in ihrer Gemeinschaft, als gehörte ich schon immer dazu.

»Heinzo, gib mir deine Sachen! Ich will Kleider waschen.«

Sie haben kein Boot. Vom Ufer aus klappt es mit dem Fischfang nicht recht. Muschimass gibt es hier nicht. Der Trecken- und Räucherfischvorrat geht langsam zu Ende.

Vor dem Ostriff des Atolls entdecke ich für mich eine regelrechte Mittelgebirgslandschaft unter Wasser. Ich wundere mich, was da so alles an Fischen zwischen den einzelnen Korallenbergen durchzieht.

In der Lagune begeistern mich vielerorts ausgedehnte Korallengärten im flachen Wasser. Ich fahre mit dem Katamaran zum Schnorcheln und binde ihn an starken Korallenstöcken fest. In der Anfangszeit warf ich einfach den Anker. Einmal verhakte er sich unglücklich im Riff in dreißig Metern Tiefe. Ich bekam ihn erst frei, nachdem ein Zinken abgebrochen war.

Ein anderes Mal ankerte ich am Außenriff eines Atolls und entfernte mich schnorchelnd ziemlich weit vom Boot. Das Unterwasserleben nahm meine ganze Aufmerksamkeit in Anspruch, sodass ich mein Boot vor Anker ganz vergaß und erst daran erinnert wurde, als mir plötzlich ein Anker, über Grund an einem Stück Kette hängend, entgegentrieb, der mir sehr bekannt vorkam. Mein Katamaran hatte sich in der Strömung selbstständig gemacht. Gar nicht auszudenken, wenn ich das andernorts zu spät bemerkt hätte. Seitdem habe ich einen Edelstahlring und einen kräftigen Karabiner im Kettenvorlauf und mache mein Boot immer unter Beachtung von Gezeitenstand und Strom um dicke Korallenköpfe, meistens Hirnkorallen, fest.

Ich habe zu viel und zu lange mit dieser Unterwasserwelt geflirtet und dabei vergessen, dass Frischfisch benötigt wird. Don Carlo kommt gerne mit: Er hat wie alle Malediver seine Plastikflasche dabei, auf die er seine Nylonleine gewickelt hat. Seine Hühner laufen auf der Insel frei herum, und so hat er auch Federn gesammelt. Mit denen tarnt er den Angelhaken.

Bei schneller Fahrt wird der Federbusch auf der Wasseroberfläche nachgezogen. Dabei bildet sich eine Blasenspur, genau das richtige Reizbild für hungrige Raubfische. Aber wir fangen nichts. Unter Wasser ist das Meer voll von Fischen, unser Köder bleibt jedoch unbeachtet. Erst draußen vor dem westlichen Außenriff des Ari-Atolls im dunkelblauen Wasser haben wir Glück. Es beißen Wahoos und Makrelen, einmal sogar Streifenthune.

Wir hocken nicht ständig zusammen, meiden uns auch

nicht. Zwischen uns stimmt es einfach. Alles ist ungemein wohltuend. Habe ich hier die ideale Gesellschaft, die mit sich selbst und mit der Natur im Einklang lebt, gefunden?

In der Tat! In den vierzehn Tagen unseres Zusammenseins habe ich keine gegenteiligen Erfahrungen gemacht.

Eines Tages komme ich vom Fischen heim und sehe ein fremdes Segeldonie vor den Hütten ankern. Es sind etliche Menschen hinzugekommen. Mir gefällt das gar nicht. Bei uns ist alles ausgewogen, harmonisch. Es gibt keinen Lärm, keinen Müll, keinen Schmutz auf unserer Insel.

Jeder Fremde kann negative Veränderungen mit sich bringen, die den Frieden und die Eintracht auf dieser Insel stören könnten. Gegenüber diesen Fremden spüre ich direkt Feindseligkeit in mir hochkommen. Ein typisch animales Revierverhalten von mir, der ich hier doch nur Gast bin. Dabei sind es Verwandte von Marina und Don Carlo, die ihren Insulanern Naturalien bringen. Davon profitiere auch ich. Sie nehmen Kokosnüsse, geflochtene Matten, Brennholz und Palmsirup mit. Am nächsten Tag schon segeln sie heim gen Süden. Ich schaue ihnen lange und befreit nach.

Wer gibt schon bereitwillig auf, was er nach lebenslangem Suchen endlich lieb gewonnen hat?

Die Inseln der Einheimischen – Entdeckungsreise »nach drüben«

Michael Allmaier

Es ist nicht weit von Villingili nach Gan; wahrscheinlich könnte man schwimmen. An der Strandbar noch eine Kokosnuss austrinken und dann in das türkisblaue Wasser, das unter den Füßen milchig wird, so fein und weiß ist der Sand. Das erste Stück im Schatten der Wasservillen waten; dann kraulen durch die stille, warme Lagune im Zentrum des Addu-Atolls. Irgendwann wäre man dann auf der Insel, die man von seiner Ferieninsel aus jeden Tag sieht. Auf den Malediven, wie sie noch keiner kennenlernen durfte. Auf der Rückseite der Fototapete.

Von den Malediven hat jeder ein Bild, und zwar genau das gleiche: Traumstrände, Korallenbänke, abgeschiedene Luxusresorts für Hochzeitspaare und Taucher. Allmählich spricht sich auch herum, dass der Inselstaat durch die globale Erwärmung bedroht ist. Aber nicht einmal jemand, der öfter hier war, könnte sagen, wie die Menschen leben. Das liegt nicht an der Ignoranz, die man Strandurlaubern so gern unterstellt. Dahinter steckte System. Auf den Malediven herrschte jahrzehntelang touristische Apartheid. Besucher wurden zwar freundlich empfangen, aber von den Einheimischen so weit wie nur möglich getrennt. Offiziell wollte die Regierung so ihr streng muslimisches kleines Volk vor dem Sittenverfall bewahren. Es kam ihr aber sicher gelegen, dass auf diese Art auch niemand erfuhr, welche politischen Zustände im Ferienparadies herrschten.

Man muss nur auf die Karte schauen, um zu verstehen, wie so etwas funktionieren konnte: Ein Sandklecks an der Südspitze Indiens, das sind die Malediven. Die Landmasse von Usedom, auf 1200 Inseln verteilt. Viele davon sind winzig und wurden jeweils nur für einen einzigen Zweck erschlossen: Es gibt Flughafeninseln, Müllinseln, Gefängnisinseln. Die größeren sind teils bewohnt, teils an Hotelunternehmen verpachtet, aber niemals beides zugleich.

Um Menschen zu trennen, braucht es hier keine Zäune oder Wächter, nicht einmal ausdrückliche Verbote. Es genügt, mit behördlichen Schikanen den Fährverkehr zu erschweren. Vor ein, zwei Jahren noch hätte man als Tourist auf mancher Resortinsel wirklich schwimmen müssen, um zur benachbarten Einheimischeninsel zu kommen. Dort wäre man dann in seiner Badehose umhergeirrt auf der vergeblichen Suche nach einem Hotel, mit der Landessprache Dhivehi und der Währung Rufiyaa nicht einmal dem Namen nach vertraut. Am Ende wohl dankbar für den Inselpolizisten, der einen zurückbefördert. Aber das soll sich nun alles ändern.

»Wir wollen Brücken bauen«, sagt Ahmed Ali Sawad. »Reisende sollen die Chance kriegen, unsere Kultur kennenzulernen. Dabei können unsere Bürger lernen, dass westlicher Lebensstil nicht das ist, was sie auf MTV sehen.« Sawad ist seit einem Jahr Tourismusminister in der ersten frei gewählten Regierung der Malediven. In den zweiunddreißig Jahren zuvor wurde das Land von einem Diktator beherrscht, der erst nach anhaltenden Protesten ein Mehrparteiensystem zuließ. Nun ist er in der Opposition, abgelöst von einem früheren Journalisten, den er über Jahre einsperren und misshandeln ließ.

Wie es dazu kam? »Die Elite in unserem Land hat sich zu sehr vom Volk entfremdet«, meint der Tourismusminister. »Unser alter Präsident hatte eine goldene Toilette.« Er selbst arbeitet in einem schlichten Büro auf der Hauptstadtinsel Male. Durch sein Fenster hört man das Dauerknattern der zigtausend Mopeds, mit denen die Maler ihre Straßen verstopfen. Über seinen Schreibtisch krabbelt eine Spinne.

Wie der neue Präsident ist auch Sawad das Gegenteil eines Funktionärs. Vor Kurzem noch lebte er im australischen Exil und schrieb seine Doktorarbeit über Menschenrechte. Seinen Idealismus wird er im neuen Amt brauchen. Denn was immer man dem abgewählten Diktator vorwerfen mag, seine Tourismuspolitik hat aus einem der ärmsten Länder der Welt ein exklusives Ferienziel gemacht. Nicht wenige Malediver verdanken ihr ihren Wohlstand.

Zu wenige, findet Sawad. Ihn stört die Monokultur der immer pompöseren Luxusresorts. »Wenn wir wie bisher unsere Inseln an den Meistbietenden verpachten, profitieren Spekulanten – und kurzfristig auch die Regierung. Wir wollen aber, dass mehr Geld da bleibt, wo es verdient wird; und dafür brauchen wir mittelständische touristische Einrichtungen auf den bewohnten Inseln. Ich denke an Kulturzentren, Feste, Handwerksmärkte, an Fährdienste und Pensionen. Die ersten sind schon in Betrieb.« Der Minister nimmt sein Notizbuch und haut auf die Schreibtischplatte. Dann schaut er befriedigt auf den Einband. Erledigt, die Spinne ist tot.

Das Addu-Atoll, ein Ring aus siebenundzwanzig Inseln, liegt selbst für maledivische Verhältnisse ziemlich weitab vom Schuss. Man fliegt von Male eineinhalb Stunden bis an den südlichsten Flecken des Landes, schon jenseits des Äquators. Dahinter kommt fast nur noch Ozean, bis hinunter in die Antarktis. Die Briten hatten hier mal einen Luftwaffenstützpunkt. Ansonsten war wenig los.

Das Addu-Atoll ist die Heimat des Ministers und ein wichtiges Experimentierfeld für seine Idee vom neuen Tourismus. Die offensichtlichste Neuerung wirkt zunächst nicht sehr überraschend. Auch hier gibt es jetzt ein Luxusresort: das eben eröffnete Shangri-La auf der unbewohnten »Picknickinsel« Villingili. Mit einhundertzweiundvierzig Villen, in denen man sich verläuft. Einer Präsidentensuite mit künstlichem Wasserfall. Fünfundfünfzig Köchen. Sechs Kokoskletterern, die nichts anderes tun, als die Nüsse aus den siebzehntausend Palmen zu pflücken, bevor sie jemanden verletzen. Das übliche Rezept also: so groß, schön und teuer wie möglich. Nur eins ist besonders an dieser Anlage, die zu dreißig Prozent der Regierung gehört. Sie sucht die Nähe zu den Nachbarinseln. Mal nehmen Angestellte Gäste auf einen Ausflug in ihre Dörfer mit. Mal kommen Musiker von drüben, setzen sich in den Sand vor der Bar und spielen afrikanisch klingende Boduberu-Musik.

Profitieren sollen von dem Austausch aber vor allem die Malediver. »Wir sind der größte Arbeitgeber im Atoll«, sagt Jens Moesker, der deutsche Hoteldirektor. Die meisten seiner Angestellten leben auf den umliegenden Inseln. Das ist auf den Malediven die Ausnahme. Zwar zwingt ein Gesetz die Resorts, wenigstens zur Hälfte Einheimische zu beschäftigen. Doch die kommen meist aus allen Landesteilen und hausen in Billigunterkünften auf den Urlaubsinseln; qualifizierte Kräfte sind rar. Nicht wenige stammen vom Addu-Atoll, wie Moesker erklärt: »Durch den britischen Stützpunkt haben die meisten Bewohner Englisch und den Umgang mit Fremden gelernt. Damit fanden sie dann Arbeit im Tourismus, waren aber monatelang von ihren Familien getrennt. Seit es uns gibt, kommen viele zurück oder gehen gar nicht erst fort.«

Es wird eben hell, als am Pier von Villingili die erste Personalfähre anlegt. Mariya Hussain und ihre Kolleginnen zupfen ihre Gewänder zurecht. Alle sind verschleiert, weniger aus Strenggläubigkeit als wegen der Sonne, die ihnen schon bald auf den Kopf brennen wird. Sie sind die Strandpflegerinnen des Shangri-La, eine sichtlich stolze Truppe. Manche tragen Festtagsbroschen, andere ihre Namensschilder. Mariya hat ihre Handflächen mit Henna orangerot gefärbt. Maledivische Frauen hat mancher Urlauber wahrscheinlich noch niemals gesehen; nur wenige arbeiten in Resorts. Die Vorstellung, dass sie in Gruppenquartieren unter Fremden wohnen, ist den Familien nicht geheuer. Hier aber sind die Distanzen gering und die Transfers gut organisiert.

Mariya geht ans Werk. Mit einem Reisigbündel kehrt sie zusammen, was der Vortag am Ufer verstreut hat: das modrige Seegras aus der Lagune, die Blätter der Palmen und Banyanbäume, die Plastikkappen von den Wasserflaschen der Touristen. Sie wirbelt wie eine Tänzerin, ihr Besen kämmt den Sand. Als Mariya an den Villen vorbeikommt, liegen die ersten Gäste schon draußen. Was denkt sie beim Anblick von so viel Trägheit, von so viel nackter Haut? »Nichts weiter. Ich sage mir einfach: Von denen kommt mein Gehalt.« Sechs Tage die Woche arbeitet sie im Shangri-La. Am siebten geht sie dann selber schwimmen – an einem Strand, der nicht so sauber ist wie dieser. Und natürlich in voller Montur.

Gast sein ohne Gastgeber – das ist der maledivische Traum. Das ist auch die maledivische Enttäuschung. Am Anfang macht es Spaß, auf einer Insel zu wohnen, die komplett nach den Wünschen gestresster Urlauber geformt ist. Ohne Lärm, Schmutz oder Armut. Ohne Dinge, die man gesehen haben muss, auch wenn man gar nicht möchte. Doch früher oder später wird es fade, sich erst am Strand, danach im Spa und schließlich an der Poolbar zu lümmeln. Und wenn der Barmann einen fragt, wie der Tag war, weiß man es schon nicht mehr.

Der Wunsch, für mehr als ein paar Stunden auszubüxen, sorgt im Resort gleichwohl für Verblüffung – Kulturaustausch hin oder her. »Wollen Sie sich das wirklich antun?«, fragt Moesker. Selbst die einheimischen Angestellten scheinen sich zu wundern, was der Bewohner eines Tausend-Dollar-die-Nacht-Domizils auf ihren Inseln sucht. »Der Minister hat ein gutes Konzept«, sagt Ahmed Shaneez, der den Besucher im Schnellboot hinüberbringt. »Aber es geht nicht so leicht, wie er sich das vorstellt.« Der gemütlich wirkende Zweiunddreißigjährige ist einer der wenigen Malediver, die im Shangri-La eine leitende Position haben. Vorher befasste er sich als Drogenbeauftragter der Regierung mit der traurigsten Seite der Malediven: der verbreiteten Sucht nach dem Heroin, das aus Afghanistan und Pakistan über das Wasser unkontrollierbar ins Land kommt. »Es gab Zeiten, als man sich nachts nicht auf die Straße traute. Damals war jeder vierte Jugendliche betroffen, heute vielleicht noch jeder zwölfte. Es ist gut, dass der Tourismus nach Addu kommt. Er gibt vielen eine Perspektive.« Einer seiner Schützlinge von früher arbeitet schon im Resort.

Als Community Affairs Manager ist Shaneez der Vertrauensmann des einheimischen Personals. Er tröstet, wenn sich mal ein Kollege von ausländischen Vorgesetzten und Kunden auf dem eigenen Boden herumgeschubst fühlt. »Ich sage immer: Macht nichts kaputt, wenn ihr mal sauer seid. Das hier gehört euch. Das Management wird vielleicht mal verschwinden, wie die Briten von unseren Inseln verschwunden sind. Aber die Anlage lassen sie hier.«

Es täte den Maledivern sicher gut, sich auch einmal als stolze Gastgeber zeigen zu können. Wie das aussehen soll, zeigt Ahmed Shaneez, als das Boot vor Gan, der nächsten bewohnten Insel, anlegt. Hier die Kunstgalerie, dort das Tagungszentrum, davor die Strandpromenade. Wo denn? Ach so, alles noch in Planung. Aber immerhin: »Die Tauchschule wird bald eröffnen, und für den Jachthafen haben wir einen Investor.«

Auch ein Kino gibt es schon, oder besser: noch. Die Briten haben es in den Fünfzigern für ihre Soldaten erbaut. Gan war damals ihr Hauptquartier. Die Malediver halten ihre Hinterlassenschaften liebevoll instand. Der Flughafen soll noch eine Rolle spielen bei der touristischen Erschließung des Atolls. Neben der Rollbahn erinnern zwei Kanonen an die Opfer vergessener Schlachten. In der ehemaligen Offiziersbaracke kann man sich eine alte BBC-Reportage anschauen über die *Einsamen Männer vom Korallenkommando.* Damals waren die Malediven ganz offensichtlich kein Traumziel. Man sieht angeödete Soldatengesichter und Kreuze im Kalender. »Am Anfang bekommen viele Weinkrämpfe«, verkündet der Sprecher.

Eine siebzehn Kilometer lange Straße verläuft durch Gan und über die angrenzenden Inseln, es ist die längste der Malediven. Dort, wo sie zur Brücke wird, ist meistens etwas los. An einer Stelle angeln Männer mit Nylonschnüren, die auf Plastikflaschen gerollt sind. An einer anderen grüßen ein paar Kinder in bestem Englisch und springen dann kreischend ins Wasser. Unternehmen kann man hier wenig, aber sehen eine ganze Menge. Am Straßenrand sprießt es bunt und fruchtig: Papaya, Banane, Mango. Über den Strand trippeln Einsiedlerkrebse. Aus der Lagune springen armlange Fische. Man weiß natürlich, dass es Salzwasser ist, und würde doch schwören, es schmeckte süß.

In einem Dorf auf halbem Weg ruft der Muezzin zum Mittagsgebet. Er hat eine schöne, näselnde Stimme, ein bisschen wie die von Cat Stevens. Die Moschee steht unter Palmen auf grobem Sand mit ausgebleichten Korallenfingern. Zwei Zwergpapageien aus dem Nachbarhaus krächzen die Koranverse mit. Geschäfte gibt es auch, ziemlich viele sogar, von der Zierfischhandlung bis zum Schönheitssalon. Sie heißen: Nizza, Fair Trade, Character. Fremdländisch und freundlich muss es klingen. Einer trägt sogar einen deutschen Namen: Trinkgeld. Seltsam, wie hier jede Kultur das Heil in der anderen sucht. Auf der Hotelinsel waren die Häuser aus Tropenholz und Palmstroh. Hier baut man mit Glas und Stahl oder wenigstens Beton.

Die Parolen auf den Häuserwänden zeugen von der neu entflammten Politikbegeisterung der Malediver. Wählt Adil, Anni, Aslam, Ahmed, den anderen Ahmed. Wählt Ahana, Abdul, Ali. Und das sind nur die Kandidaten mit A. Anscheinend steht hier fast jeder zur Wahl. Wie sagte Ahmed Sawad, der Tourismusminister: »Wir sind wie Kinder auf dem Karneval, verwirrt von all den Möglichkeiten, die wir auf einmal haben.« Die Straße endet auf Hithadhoo, der größten Insel des Atolls. Auch hier ist nicht ein Tourist zu sehen, aber in einer Seitenstraße ein unverhofftes Türschild: »Addu Inn«. Zimmer an Fremde zu vermieten war den Maledivern bis vor Kurzem verboten. Ibrahim Jamal ist ein rundlicher, geschäftstüchtiger Mann von vielleicht fünfzig Jahren. Er hat früher in einem Resort gearbeitet – an der Rezeption, wie er feierlich ergänzt. Als die neue Regierung ins Amt kam, beschloss er, selbst Hotelier zu werden, der erste auf seiner Insel. »Ich habe zwar noch keine Lizenz, aber die werden sie mir schon schicken.« Doch, er hat noch ein Zimmer frei – das teuerste, wie der Zufall es will. Er muss nur rasch die Verwandten hinauskomplimentieren, die zum Freundschaftspreis darin wohnen.

Das Zimmer ist hübsch, vor allem, wenn man es bunt mag: blaue Tür, lila Rahmen, türkisfarbene Stuckdecke, geblümte rote Vorhänge mit Quasten, giftgrüner Balkon. Mit dem Geräusch eines Zahnarztbohrers setzt sich der Ventilator in Gang. Als es Abend wird, dringt durch das Fenster ein Duft von Kardamom, Kreuzkümmel und Kokos. Da kocht wohl jemand Curry. Mit einem Mal fällt dem Besucher auf, was auf der Hotelinsel Villingili fehlte: Sie war vollkommen geruchlos. Hithadhoo dagegen riecht – nach verbranntem Holz, verfaulenden Früchten, nach Haushaltsmüll, Tang und tropischen Blüten. Nicht immer gut, aber lebendig. Daran erinnert man sich.

Die Dämmerung kommt ganz abrupt; das ist hier nicht anders als auf der anderen Seite. Sonnenuntergang auf Villingili, das war die schönste Zeit. Mit einem Mojito im Strandkorb sitzen. Den Personalbooten hinterherschauen und sich fragen, wie es drüben wohl aussieht. Sonnenuntergang auf Hithadhoo – auch schön, aber anders. Mit einem Zahnputzbecher voll Chlorwasser auf dem giftgrünen Balkon stehen und den Jungs zusehen, die unten Fußball spielen – nackte Oberkörper gegen T-Shirts. In den Palmen über ihnen wachen die Flughunde auf, die in den Stunden zuvor kopfüber hingen. Sie fliegen überraschend elegant, beinah wie Zugvögel. Lautlos drehen sie ihre Kreise über dem Sportplatz und folgen dann dem Abendlicht, das sich über der Lagune verliert. Ein paar Flügelschläge nur, und sie sind drüben, auf Villingili vielleicht. Für sie ist das Atoll eine große Insel, sie müssen sich nicht entscheiden. Flughund müsste man sein.

Zwischen Idylle und Realität

Thurston Clarke

Die Italiener fanden 1972 ein Land vor, das man bislang völlig ignoriert hatte. Es war im Wesentlichen so geblieben, wie es der französische Abenteurer Alan Villiers in einem Artikel des *National Geographic* beschrieben hatte. Villiers erreichte die maledivische Hauptinsel 1959 von Ceylon aus auf einem morschen Segelschiff, das damals die einzige Verbindung mit der Welt darstellte. Er fand ein Land mit 83 000 Menschen vor, ohne einen einzigen Polizisten, ohne Telefon und ohne einen einzigen Europäer – nicht einmal einen Nichtstuer, einen Kaufmann oder einen Honorarkonsul gab es. Male war eine blendend weiße Stadt mit Korallenwegen und -häusern, die von Orchideen und blühenden Rankengewächsen geradezu erdrückt wurden. Die Leute aßen Fisch, Kokosnuss und Taro und ließen ihre Drachen so passioniert steigen wie die Bandanesen. Der Sultan besaß das einzige Auto. Seine Untertanen fuhren mit dem Segelboot oder mit dem Fahrrad. Zu dieser Zeit hatte wahrscheinlich kein Volk der Welt weniger Sorgen, weniger Straftaten begangen und weniger Treibhausgase in die Atmosphäre gepumpt als die Malediver, und kaum eines dürfte gelassener auf diesem Planeten gelebt haben. Ihre Zivilisation war in gewisser Weise so utopisch wie die von Atlantis.

Binnen eines Jahres nach dem Besuch der Italiener wurden

auf einigen unbewohnten maledivischen Inseln die ersten Ferienanlagen eröffnet. Der regelmäßige Düsenflugverkehr begann 1977, das Farbfernsehen wurde 1978 eingeführt, und schon 1980 besuchten 42 000 Ausländer die Malediven. 1997 landeten 350 000 Touristen, die meisten von ihnen europäische Pauschalurlauber, auf dem Flughafen von Hulhule. Von dort wurden sie mit einer Flotte von Hubschraubern und Speedbooten auf eine der fünfundsiebzig eigenständigen Ferieninseln transportiert.

Male lag jenseits der Lagune der Insel Hulhule, die für den Flughafen geopfert worden war. Es erweckte nicht den Anschein einer Stadt, die darauf wartet zu versinken. Die niedrige Häusersilhouette, die ich auf einer fünf Jahre alten Luftaufnahme gesehen hatte, war durch eine Vielzahl von Kränen und Hochhäusern so oberlastig geworden, dass es aussah, als könnte das Ganze umkippen. An jeder Ecke unterminierte das Stadtbild die David-und-Goliath-Geschichte von den Malediven als edlen und hilflosen Opfern des verschwenderischen Energiekonsums der restlichen Welt. Wenn Präsident Gayoom an seine eigene Warnung glaubte, warum ließ er dann direkt an der Küste einen neuen vierstöckigen Bürokomplex für seine Mitarbeiter bauen, der in einer Generation überflutet werden könnte? Warum verschwendete man ein Darlehen von Pakistan für ein neues Parlamentsgebäude, wenn es dafür genutzt werden könnte, die Menschen von den verstreuten einhundertneunundneunzig Einheimischeninseln auf großflächigere Inseln umzusiedeln, wo sie durch Deiche geschützt werden könnten? Warum brauchte eine Insel, auf der es 1959 keinen einzigen Polizisten gab, ein neues Hauptquartier für die Nationalen Sicherheitsdienste, wo sie doch schon eine große weiße Festung besaßen? Und was sollte das Atrium von Büros und Läden? Das sechsstöckige Gebäude mit den in Glasröhren auf- und abgleitenden Fahrstühlen?

Sollte das internationale Gewissen der globalen Erwärmung die Errichtung von klimatisierten Gebäuden erlauben, die für Jahrzehnte den Verbrauch fossiler Brennstoffe erfordern würden? Warum sollte irgendjemand die globale Erwärmung ernst nehmen, wenn selbst die Malediver es nicht taten?

Die am leichtesten verdauliche Erklärung für den Bauboom lautete, dass sich infolge des Touristenbooms die medizinische Versorgung verbessert, die Lebenserwartung der Malediver sich erhöht und die Bevölkerung sich fast verdoppelt habe, sodass die enge Stadt nicht mehr genügend Wohnraum biete. Sehr viel beunruhigender war die Erklärung, dass die maledivische Elite glaubte, der neue, zwei Meter zehn hohe Deich, den die Japaner finanziert hatten, werde sie beschützen, lange nachdem andere Inseln untergegangen oder verlassen worden wären, sodass es zumindest ihnen möglich sein würde, das Leben in ihrer modernen Stadt weiterhin zu genießen.

Noch nie zuvor war ich in einem Land gewesen, in dem es schwieriger und unergiebiger war, eine Unterhaltung anzufangen. Ich hatte mir vorgestellt, die Malediver seien durch die europäischen Pauschaltouristen inzwischen an Gäste gewöhnt, doch selbst wenn ich jemanden fand, der Englisch sprach, und solche Leute waren selten, unterbrachen lange Schweigepausen die Unterhaltung. Die meisten Einheimischen waren klein und zart, sie hatten genau die richtige Größe für ihre kleinen Inseln und die Korallenhäuser. Durch die hohen Gebäude und die europäischen Touristen schienen sie regelrecht aus dem Rahmen gefallen zu sein und glichen Zeitreisenden, die sich völlig benommen und verwirrt die Augen rieben, nachdem man sie in die Zukunft katapultiert hatte.

Trotz der fieberhaften Bautätigkeit fehlte Male fast alles, was eine Insel attraktiv macht, selbst für einen genügsamen Besucher. Man denke sich eine Insel mit 65 000 Einwohnern, die auf zwei Quadratkilometern zusammengepfercht sind, während ringsum Wellen gegen Barrieren schlagen, die wie sägeblattbewehrte Panzersperren aus Beton aussehen; man stelle sich vor, dass es nirgends Platz – geschweige denn eine Möglichkeit – gibt, den Geräuschen der knatternden Motorräder zu entkommen, und wir sprechen von Male. Hier gab es kein einziges Straßencafé und keinen einzigen Strand. Alkoholische Getränke waren verboten, Kuriositätenläden verkauften schäbige Souvenirs aus Südostasien, und die Bevölkerung war scheu und wenig kommunikativ. Die modernen Gebäude waren hässlich, der öffentliche Park war nur für wenige Stunden am Freitagnachmittag geöffnet, und das Innere der Moschee aus dem 17. Jahrhundert, die bemerkenswerteste Sehenswürdigkeit Males, konnte von Ungläubigen nur besichtigt werden, wenn sie eine Genehmigung des Ministeriums für Religiöse Angelegenheiten vorweisen konnten. Males Hauptcharme war die Anzahl der Fahrräder im Verhältnis zur Bevölkerung.

Ich besuchte das Nationalmuseum, um die von der globalen Erwärmung bedrohten kulturellen Schätze zu sehen. Die wichtigsten Exponate waren ramponierte Ausstattungsgegenstände aus dem abgerissenen Sultanspalast und Nippesgeschenke des britischen Gouverneurs von Ceylon. (Die Malediven waren bis 1965 britisches Protektorat.) Auf einer kleinen Veranda waren die einzigen vorislamischen Bestände versammelt: ein wunderschöner weißer Sandsteinbuddha, der von Thor Heyerdahl auf einem abgelegenen südlichen Atoll gefunden wurde, und zwei Statuen des fünfköpfigen Teufels, genau die Art von seltsamen und wundervollen Trümmern, die man von einem Atlantis erwartet.

Vertreter der maledivischen Gesandtschaft in den Vereinigten Staaten hatten mir dringend empfohlen, meine Befragungen mit Mr Firaq zu beginnen – und wann immer ich Empfangschefs oder höhere Hotelangestellte nach der globalen Erwärmung und dem Tourismus fragte, sagten sie: »Wenden

Sie sich an Mr Firaq!« Er aber ignorierte meine E-Mails und Faxe und war nie zu sprechen, wenn ich ihm hinterhertelefonierte. Zweimal erreichte ich ihn zu Hause, und zweimal verabredeten wir einen Termin, den er ohne Entschuldigung platzen ließ. Als ich mich weigerte, das Ministerium für Tourismus zu verlassen, ohne mit jemandem gesprochen zu haben, wartete ein ängstlicher Sekretär mit Moosa Zameer auf Hassan, einem jugendlich erscheinenden und schmerzlich scheuen Umweltfachmann, dem Firaqs Verhalten sehr peinlich war. Er sah sich jedoch außerstande, für ihn oder für sich selbst über die Angelegenheit zu sprechen.

Vielleicht hatte sich Mr Firaq absichtlich unabkömmlich gemacht, vielleicht setzte er aber auch nur die Politik seines Vorgesetzten, des Ministers für Tourismus, Ibrahim Hussain Zaki, in die Praxis um, der kurz zuvor einem westlichen Journalisten voller Stolz erklärt hatte, dass wegen der Vorschriften der Regierung »der Kontakt zwischen Maledivern und Touristen minimal ist«, um »jegliche kulturelle Beeinflussung der maledivischen Gesellschaft« von touristischer Seite zu begrenzen.

Der erste Beweis, dass Mr Zaki und sein Ministerium mich als einen kulturellen Typhusüberträger betrachteten, ließ nicht lange auf sich warten. Bereits in der Ankunftshalle des Flughafens von Hulhule wurde mein Gepäck in eine Röntgenmaschine eingeführt, die so sensibel war, dass sie angeblich die Umrisse eines Kreuzes oder Buddhas sowie das Etikett einer Ginflasche erkennen konnte. Die endgültige Trennung von Touristen und Maledivern erfolgte außerhalb des Terminals, wo die Besucher in Hubschrauber, Wasserflugzeuge oder Speedboote stiegen, um auf den Gulag der Ferieninseln befördert zu werden, die für Malediver tabu waren, sofern sie sich nicht als Angestellte oder als zahlende Gäste ausweisen konnten. Fremden wiederum war es verboten, auf einer der einhundertneunundneunzig Inseln zu übernachten, die ausschließlich von Maledivern bewohnt wurden – mit Ausnahme von Male und Gan. Ich verließ den Flughafen das erste Mal auf einem Sprit fressenden Speedboot der Ferienanlage Taj Lagoon, die ich mir ausgesucht hatte, weil sie verhältnismäßig preiswert war und mehrere Nationalitäten beherbergte. Der Bootsführer sagte mir, ich sei der einzige Passagier, weil ich der einzige Alleinreisende im ganzen Hotel sei. Ansonsten kämen und gingen die Gäste immer in Gruppen.

Die Taj-Lagune war gut fünfhundert Meter lang und weniger als dreißig Meter breit – so klein also, dass Einsamkeit unmöglich war und ich nirgends hingehen konnte, ohne andere Gäste zu sehen. Man hatte die natürliche Vegetation fast vollständig gerodet, um Platz für die Betonbungalows, die Bar, die Rezeption und das Restaurant zu schaffen. Klimaanlagen ratterten, ein Generator nagelte, und die Lagune hallte vom Echo der Jet-Skis wider. Die Einflugschneise des Flughafens Hulhule lag über der Insel und sorgte für einen ständigen Kontrapunkt von röhrenden Düsenflugzeugen und klopfenden Hubschraubern, die den Zeitplan der globalen Erwärmung um einige Sekunden vorantrieben, während sie die Leute zu Inseln beförderten, die jenseits der Reichweite von Speedbooten lagen.

Nichts im Hotel erschien mir maledivisch, obwohl ich mir nicht sicher bin, was das hätte sein können. Das Mittagessen war ein Gericht aus Kohl und Kochkäse, das Abendessen ein Büfett aus indischen Currygerichten, begleitet von österreichischer Zithermusik, die aus den Lautsprechern plärrte. In der Hotelhalle spielten Malediver in Calypsoklamotten *Guantanamera* und *Que Sera, Sera,* während einige Gäste Postkarten schrieben. Man konnte sich kaum vorstellen, dass der Untergang der Taj-Lagune irgendein Loch, nicht einmal von Nadelöhrgröße, in irgendeine Zivilisation reißen würde.

Die luxuriöseste Ferieninsel der Malediven ist das Kuda Huraa Reef Resort, wo ich mich einige Tage verwöhnen ließ.

Die Ferienanlage hatte den gewohnten feinen Sandstrand und kleine Bungalows, die auf Spinnenbeinen über dem Wasser standen. Vom Meer aus gesehen, unterschied sie sich kaum von der Taj-Lagune und anderen weniger bedeutenden Inseln. Aber sobald ich an Land ging, konnte ich sehen, dass keine Kosten gescheut worden waren, um sie zu dem zu machen, was die Werbebroschüren versprachen, zum »Inbegriff der Champagner-und-Kaviar-Ferienanlage«, wo man »womöglich dem am nächsten kommt, was wir als den Himmel auf Erden empfinden«.

Den ersten Tag meines Aufenthalts verbrachte ich mit Schlafen und Schwimmen. Ich schwelgte in dem üppigen Büfett zu Mittag, genoss den Blick vom Speisesaal aufs Meer und schwamm in dem natürlich geformten Süßwasserbecken, dessen türkisblaue Kacheln das Wasser lagunengleich färbten. Auf dem Rückweg zu meinem Zimmer kam ich am Fitnessclub vorbei. Durch das große Aussichtsfenster konnte ich ein paar Mittdreißiger sehen, die sich auf Stair-Mastern und Laufbändern quälten. Schlagartig wurde mir klar, dass das Geheimnis, Kuda Huraa zu genießen, darin bestand, die globale Erwärmung aus dem Bewusstsein zu verdrängen. Es war besser, nicht zu fragen, warum Leute Tausende von Kilometern auf eine tropische Insel flogen, um sich dort auf Fitnessgeräte zu klemmen, geschweige denn, ob elektrische Saunen und Klimaanlagen auf einer Wüsteninsel nicht die Art von Verschwendung von fossilen Brennstoffen darstellten, die eines Tages diese Stair-Master auf dem Grund des Indischen Ozeans versinken lassen würde. Es war besser, stattdessen in schottischem Räucherlachs zu schwelgen, seinen Durst mit Evian-Wasser aus Frankreich und Tiger-Bier aus Singapur zu löschen, sich seinen Teller mit Honigmelonen vollzuladen, die Tausende von Kilometern von Gott weiß woher eingeflogen wurden, die Klimaanlage anzustellen und sich zu freuen, dass man den Mund beim Duschen nicht schließen musste oder sich die Zähne mit Perrier zu putzen brauchte, weil das Leitungswasser entsalzt war – dank des importierten Kraftstoffs, mit dem die Entsalzungsanlage betrieben wurde.

Ich versuchte, es den übrigen Gästen gleichzutun, und ließ mich von Kuda Huraas viel gelobten Maßnahmen zum Ökotourismus beeindrucken. Einige waren auf Vorschriften der Regierung zurückzuführen, wie etwa die Beschränkung der Gebäudemaße auf Palmenhöhe und das Verbot, Tauchboote am Riff zu ankern. Doch die Abfallverarbeitung und die Benutzung des Wassers aus der Kläranlage zur Palmenbewässerung waren selbst auferlegte Zugaben von Kuda Huraa.

Ich kam auf dem Rückweg zu meinem Bungalow am Fitnessclub vorbei. Sogar um neun Uhr abends war er voller Besucher. Wenn man eine Tourismusindustrie mit dem Maximum an fossilen Brennstoffemissionen pro Besucher konzipieren wollte, so schien mir, ließe sich das maledivische Modell kaum übertreffen. Denn hier flog ein jeder Tausende von Kilometern auf eine abgelegene Insel, raste in Speedbooten und Hubschraubern herum und lebte in einer Ferienanlage, wo von den Nahrungsmitteln bis zum Baumaterial alles importiert war und die Generatoren gleichzeitig Klimaanlagen und Saunen betrieben. Ich blieb wach, um den Entwicklungsplan für den Tourismus auf den Malediven von 1996 bis 2005 zu lesen. In einem Gutachten wurde empfohlen, die Anzahl der Touristenbetten von zehntausend auf zwanzigtausend zu erhöhen, den Flughafen um eine neue Landebahn und ein Vorfeld zu erweitern und die Besucherzahl zu verdoppeln. Was für eine Lehre sollte man aus der Tatsache ziehen, dass eine Nation, die von der industrialisierten Welt eine zwanzigprozentige Einsparung des Verbrauchs von fossilen Brennstoffen forderte, ihrerseits eine Verdoppelung der eigenen energieintensiven Tourismusindustrie plante?

Die armen Länder argumentieren, dass die westlichen Nationen, die schon so viel vom Gebrauch fossiler Energieträger profitiert haben, die größten Opfer bringen sollten. Doch die Malediven waren längst nicht mehr arm. Die durchschnittliche Lebenserwartung der Bevölkerung war bereits um zwanzig Jahre gestiegen und die Alphabetisierungsrate auf neunzig Prozent geklettert. Die Inseln erfreuten sich des höchsten Pro-Kopf-Einkommens in Südostasien.

Der einzige Ort außer Male, an dem es erlaubt war, sich unter die Malediver zu mischen, war das Addu-Atoll. Ich flog bei regnerisch-stürmischem Wetter dorthin und landete auf einem ehemaligen Stützpunkt der Royal Air Force auf der Insel Gan. Die Briten hatten auf diesem Atoll eine gut ausgebildete, anglofone Bevölkerung zurückgelassen sowie dreiundzwanzig Meilen Straße, die Gan mit den Inseln Feydhuu, Maradhuu und Hithadhuu verband. Teil dieser Verbindungsstraße waren drei Dämme, die bewirkt hatten, dass die Strände von Gan verschlammten und von Unkraut überwuchert wurden.

Ich radelte über den Verbindungsdamm zu den anderen Inseln und fragte mehrere Einheimische, ob sie glaubten, dass die globale Erwärmung dieses Atoll bald überfluten und sie zwingen werde, im Heimatland der Frauen aus Sri Lanka Zuflucht zu suchen. Der Besitzer des Ladens am Damm sagte, Präsident Gayoom möge über die globale Erwärmung besorgt sein, doch er sei es nicht, weil Allah die Malediver retten werde. Abdullah Saeed indessen, ein energischer Mann in einem rosafarbenen Ralph-Lauren-Hemd, der das regionale Krankenhaus in Hithadhoo leitete, sagte mir: »Die gebildeten Leute hier, die das Wetter heute mit dem vor einigen Jahren vergleichen können, glauben an die globale Erwärmung. Nur, was können wir tun? Wir haben keine Industrien, wir stoßen keine dieser Gase aus.«

Ein weiterer ungeheurer Regenschauer prasselte so hart auf

das Dach der Regierungsbüros, dass Hasid Usaf, der Häuptling des Addu-Atolls, schreien musste, um mir zu antworten. Ich hatte ihn gefragt, ob es wahr sei, dass einige Amerikaner in eine Tausend-Betten-Ferienanlage auf der nahe gelegenen Insel Villingili investieren wollten. »Der Plan geht durch. Definitiv!«, schrie er. Die Touristen sollen mit großen Düsenflugzeugen über Gan einfliegen. Die Verträge werden gerade in Male unterschrieben, obwohl sie, was die Bettenanzahl angeht, falschliegen. Es werden 1500 sein.

Als ich wieder in Male war, machte ich mich auf die Suche nach den großen Namen im Zusammenhang mit der Kampagne gegen die globale Erwärmung. Abdullah Majeed, der Staatssekretär für Planung, menschliche Ressourcen und Umwelt, war der führende Meteorologe der Malediven. Er war bei den wichtigeren Umweltkonferenzen der Achtziger- und Neunzigerjahre sämtlichen Teilnehmern auf die Nerven gegangen und verabscheute die Tyrannen der OPEC sowie die Lobbyisten amerikanischer Ölkonzerne. Er hatte die Konferenz von Nairobi demonstrativ verlassen, als ein saudi-arabischer Delegierter den Vertretern der kleinen Inselstaaten entgegenhielt, es handle sich doch nur um einige wenige Millionen Menschen, die umgesiedelt werden könnten.

Nach sechsundzwanzig Jahren im Wetterdienst sei er davon überzeugt, dass sich das Wetter dramatisch verändert habe. Es hagelte Beispiele: die Wellen, die bis auf die Dächer der Häuser in Male schlugen, der Anstieg der Meerestemperaturen um anderthalb Grad, die siebzehn Zentimeter Regen, die 1994 in vier Stunden fielen und Majeeds Haus überflutet hatten, die zwanzig Zentimeter, die zwei Tage vor meiner Ankunft niedergegangen waren und die Straßen von Male überflutet hatten, die rauere See und die Orkanwinde, die nunmehr acht Monate im Jahr über die Inseln stürmten. Einige dieser Phänomene mussten durch die globale Erwärmung verursacht sein.

Seiner Meinung nach tat die Regierung, was sie konnte. Sie verbot den Abbau von Korallen vor bewohnten Inseln und senkte die Zölle für importierte Baumaterialien. Doch die Leute würden noch immer die Riffe vor unbewohnten Inseln abbauen, und die beschädigten Riffe der Malediven könnten mit dem steigenden Meeresspiegel nicht mithalten. Wegen des Bevölkerungswachstums und der Überbevölkerung in Male könnte die Regierung gezwungen sein, unbewohnte Inseln zur Besiedlung freizugeben. Einige Riffe würden jetzt während unseres Gesprächs abgebaut.

Er habe empfohlen, die Bevölkerung auf zehn oder zwölf der größten Inseln zusammenzuziehen und sie durch noch höhere Deichanlagen als die um Male zu schützen. Es sei aber eine heikle Angelegenheit, Leute umzusiedeln, die starke Bindungen an den von ihren Eltern und Großeltern bewohnten Boden haben. Selbst die Evakuierung der Menschen von den am meisten gefährdeten Inseln habe sich als schwierig erwiesen. Und der Bau von Deichen um ein Dutzend große Inseln erfordere beträchtliche fremde Hilfe. Theoretisch könnte zwar die ganze Bevölkerung nach Indien oder Australien ziehen, damit ließe sich das Problem ihres Überlebens lösen, nicht aber das ihrer Kultur. Die Malediver wären eine kleine Gruppe von konservativen Moslems, die eine fremde Sprache sprächen und allein vom Fischen und von der Seefahrt etwas verstünden. Sie würden dann so zerstreut und isoliert sein wie Atolle in einem Ozean von Christen oder Hindus.

Seine einzige Hoffnung sei, dass die industrialisierte Welt ihren Verbrauch fossiler Brennstoffe um zwanzig Prozent verringern würde, was der Empfehlung der Allianz der Kleineren Inselstaaten entspreche. Andernfalls könne er nur hoffen – da keiner ganz genau wisse, wie die regionalen Variationen der globalen Erwärmung ausfallen würden –, dass die Malediven weniger Schaden erleiden würden als andere niedrige Atolle.

»Es kann sein, dass wir nicht ganz ausgelöscht werden, vielleicht wird nur die Hälfte unserer Atolle überflutet«, versuchte er sich einzureden. »Wie dem auch sei, wie können wir ein normales Leben aufrechterhalten?« Als ich den kleinen, eher symbolischen Beitrag der maledivischen Tourismusindustrie zum Ausstoß von Treibhausgasen erwähnte, musste ich mir noch mehr über die Umweltprogramme der Regierung anhören: das Verbot des Abbaus der Riffe vor bewohnten Inseln; das Verbot, Haie zu fangen; die Vorschrift, dass Ferienanlagen wenigstens fünf Meter Strand pro Besucher bereitstellen müssen; die Meeresparkanlagen; das Pflanzen von einer Million Bäumen; und so weiter. Ich mochte Mr Majeed so gut leiden, dass ich es nicht übers Herz brachte, ihn daran zu erinnern, dass Präsident Gayoom nur wenige Monate zuvor den Delegierten einer IPKV-Konferenz in Male gesagt hatte: »Es macht keinen Unterschied, ob Umweltschäden von entwickelten oder armen Ländern verursacht werden, von solchen, die weit weg sind oder näher bei uns liegen.«

Eines Tages mögen diejenigen, die wegen der globalen Erwärmung besorgt sind, Präsident Gayoom beim Wort nehmen und einen wirklichen Ökotourismus fordern, der ohne Klimaanlagen, motorisierten Transport und importierte Nahrungsmittel auskommt – eine Robinson-Crusoe-Existenz *ohne* Annehmlichkeiten, Sie sollten sich fragen, wie Sie es rechtfertigen können, zehntausend Meilen auf eine Wüsteninsel zu reisen, um auf einem Laufband in einem klimatisierten Fitnessclub zu trainieren, Karaoke zu singen und auf Jet-Skis herumzubrausen. Die Antwort liegt auf der Hand: Wer nur deswegen hierherkommt, der sollte wahrscheinlich besser zu Hause bleiben und auf diese Weise dazu beitragen, die Lebenserwartung einer maledivischen Insel um ein paar Sekunden zu verlängern.

Demokratie – auch für Frauen

Heike Barai

Der große Wandel kam im Jahre 2009. Nahmen die maledivischen Frauen der einheimischen Inseln bis dato oft unverschleiert am Dorfleben teil, wurde nun quasi über Nacht das Kopftuch, manchmal sogar der Ganzkörperschleier, zur Standard-Kleidung. Auf einigen Inseln war fortan die Kopfbedeckung gar obligatorisch für alle Schülerinnen ab der fünften Klasse. Eine überraschende Entwicklung, denn wer alte Fotoaufnahmen der Malediven betrachtet, wird nur selten ein Kopftuch finden. Noch im 14. Jahrhundert notierte der moslemische Reisende Ibn Battuta schockiert, dass die Frauen der Malediven mit bloßem Oberkörper herumliefen. Dies wohlgemerkt, obwohl die Bewohner der Inseln bereits im 12. Jahrhundert vollständig zum Islam bekehrt waren. Seither ist der Alltag stark von der Religion bestimmt, die der Frau traditionell eher eine Rolle im Haus als in der Politik zugesteht. In der Geschichte gab es jedoch durchaus weibliche Herrscher und Insel-Vorsteherinnen. Auch gesetzlich waren und sind die maledivischen Frauen den männlichen Staatsbürgern theoretisch gleichgestellt.

Was also passierte 2009? Über dreißig Jahre regierte der Diktator Maumoon Abdul Gayoom das Inselreich, dann kam der große Umbruch: Ende 2008 gelang es der Opposition, freie Wahlen durchzusetzen. Fast hätte der langjährige Regent eigener Gnaden sogar den demokratischen Sieg errungen. Im ersten Wahlgang bekam er mit Abstand die meisten Stimmen, da er aber mit sechsundvierzig Prozent knapp an der erforderlichen absoluten Mehrheit scheiterte, musste er erneut in einem zweiten Wahlgang gegen den zweitbesten Kandidaten antreten. Der Oppositionelle Mohamed Nasheed, der lange Jahre in maledivischen Gefängnissen und in Hausarrest verbracht hatte, schaffte es knapp, Gayoom im zweiten Wahlgang zu schlagen – und musste eine Koalition mit der islamischen Adhaalath Partei eingehen, um eine arbeitsfähige Mehrheit zu erreichen. Deren Programm wiederum ist für viele maledivische Frauen kaum akzeptabel. Unterstützt wird sie durch Prediger aus konservativ-islamischen Staaten wie Saudi-Arabien, Kuwait oder dem Iran, die dank der neuen Rede- und Meinungsfreiheit ihre radikale Auslegung des Islam und das damit verbundene restriktive Frauenbild verbreiten dürfen. Auch finanziell macht sich der Einfluss arabischer Staaten bemerkbar: Viel Geld fließt in den Bau neuer Moscheen und in die religiöse Propaganda.

Die erste richtungsweisende Maßnahme der Regierung ließ viele Frauen aufhorchen: Direkt nach der Wahl wurde das »Gender Ministry« (Gleichstellungsministerium) abgeschafft und der Arbeitsbereich dem Gesundheitsministerium zugeschlagen. An seine Stelle trat ein Ministerium für islamische Angelegenheiten. Eine Belohnung für die Adhaalath Partei, munkeln die Malediver, denn eigentlich gilt der neue Präsident als Modernisierer und keineswegs als religiöser Eiferer. Andererseits braucht er die Unterstützung der konservativen islamischen Partei, um überhaupt regierungsfähig zu bleiben.

Mit jedem Monat wird die Frage nach der Stellung der Frau ein wenig heftiger geführt, dies jedoch mit modernen Mitteln:

nicht nur in den Printmedien, sondern vor allem im Internet, denn hier herrscht die Anonymität, die auch kontroverse Diskussionen ermöglicht. Und so wundert es nicht, wenn die einen die völlige Gleichstellung von Mann und Frau in der Gesellschaft fordern und gegen das Verbot des vorehelichen oder außerehelichen Sex wettern, während andere prompt darauf mit wüsten Beschimpfungen antworten und nach der Todesstrafe und Steinigungen für derartige Vergehen rufen. Besserung ist nicht in Sicht. Viele Frauen sind gut ausgebildet, die Alphabetisierungsrate liegt mit sechsundneunzig Prozent auf Erste-Welt-Niveau, selbst auf den entlegenen Inseln gibt es Computer und Telefon. Mit dem bloßen Verweis auf die Tradition lassen sich die Malediverinnen nicht abspeisen. Denn um welche Tradition handelt es sich? Was ist islamisch, was maledivisch, und wo ist der Unterschied? Welcher Einfluss kommt aus dem arabischen Raum, und ist dies »islamischer« als die ursprünglich maledivische Version? Auch hier sind die anonymen Internet-Diskussionen erstaunlich offen, immer wieder ist die Rede von der »Arabisierung« des Alltags.

Sicher ist: Bereits unter dem Diktator Gayoom waren die Gesetze streng, und daran hat sich nichts geändert. Für den Westen besonders schwer zu verstehen ist die rigide Regel: Kein Sex außerhalb der Ehe. Noch immer steht darauf die öffentliche Auspeitschung. Rund zweihundert Menschen werden jedes Jahr für dieses Vergehen verurteilt, davon um die achtzig Prozent Frauen – für ein Verbrechen, das sie schon aus biologischen Gründen nicht ohne Mann begangen haben können, wie viele maledivische Bloggerinnen sarkastisch anmerken. Auch unter der neuen demokratischen Regierung wurden es nicht weniger.

So wurde im Juli 2009 eine Achtzehnjährige vor johlenden Zuschauern mit hundert Peitschenhieben bestraft und musste anschließend ins Krankenhaus eingeliefert werden. Das Vergehen: vorehelicher Sex in zwei Fällen. Die beiden Männer kamen straffrei davon, da der erste nicht genau identifiziert werden konnte und der zweite die Beteiligung abstritt. Dass die Frau sich nicht so einfach herausreden konnte, lag an den sichtbaren Beweisen: Sie war schwanger, die Bestrafung wurde jedoch erst nach der Geburt durchgeführt. Auch dieser Fall führte zu erbitterten Diskussionen, die darauf schließen lassen, wie sehr es hinter der paradiesischen Fassade brodelt. Oft trifft der Zorn nicht nur die »Delinquenten«, sondern auch all jene, die die Geschehnisse international bekannt machen. Kurz nach der Auspeitschung besagten Mädchens forderten Demonstranten die Deportation der britischen Journalistin Maryam Omidi – sie hatte Berichte über Auspeitschungen online in ihrer Blog-Zeitung *Minivan* veröffentlicht.

Für den Präsidenten und die noch junge Demokratie könnte sich die Frauenfrage noch zu einer Zerreißprobe entwickeln. Schließlich hat Naheed selbst als politischer Häftling sechs Jahre hinter Gittern gesessen. Weil er dafür eintrat, dass alle Menschen demokratisch selbst über ihr Schicksal entscheiden sollten. Auch die Frauen.

Babylonische Verhältnisse

Helmut Kuhn

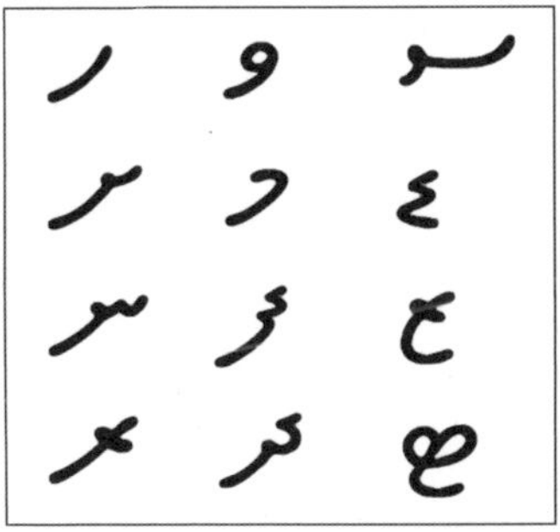

Donald Duck gibt es auch im Nord-Male-Atoll. Im Klassenzimmer unterm offenen Wellblechdach sitzen Mädchen und Jungen der ersten Klasse in weißen Kleidchen und blauen Hosen. Sie pauken das Thaana-Alphabet, das Mohammad Wafir in dicken Lettern von rechts nach links an die Tafel malt, so sauber und unwirklich, wie es nur ein Grundschullehrer kann. Die geschwungenen Zeichen sind den arabischen sehr ähnlich: »Saviyani« ist ein »s«, »fafu« ein »f«, »lamu« ein »l«.

An der Wand gegenüber hängt die Kinderzeichnung von Donald. Er ist sauer, dass er bei der Hitze nicht schwimmen gehen darf. Darunter dick die Buchstaben: »Gafu, ra, ra, ra«. Zu Deutsch: »Grrr«. Vielleicht hätte sich Walt Disney für seinen tapsigen Erpel und seine drei schlauen Neffen ja ein Abenteuer im Indischen Ozean ausgedacht, wenn er nur um den einzigartigen Namen der Schule gewusst hätte: »Huraa«! Sieben Klassenzimmer zählt die Schule unter gnadenloser Sonne, und der Name kommt nicht von ungefähr, denn so heißt nun mal die Insel.

Ein anämischer Tropfen Sand in der südlichen Hemisphäre, der siebenhundert mal dreihundert Meter misst und Heimat für sechshundertfünfundsiebzig Menschen darstellt. An der Tür des gläsernen Direktorbüros steht das englische Wort »Principal«.

Im Büro befinden sich zwei Schreibmaschinen. Eine mit englischen Lettern und eine mit Zeichen, die es nur auf den Malediven gibt: im Thaana-Alphabet. Es ist eng an das arabische Alphabet angelehnt und entstand in seiner heutigen Form im 17. Jahrhundert. Auf den Inseln hat es sich im Laufe der Jahrhunderte verselbstständigt. Die Sprache, die Wafir lehrt, heißt Dhivehi. Umständlich entschuldigt er sich für die Staubschicht auf der Maschine mit den Thaana-Lettern, die eigentlich erst vor Kurzem angeschafft wurde: »Die Korrespondenz erledigen wir von jeher mit dem englischen Typewriter.«

Dhivehi kommt aus dem Indoeuropäischen und geht auf Sanskrit zurück. Später ist es ein singhalesischer Dialekt gewesen. Daraus entstand das Proto-Dhivehi-Singhala, das wiederum durch Kaufleute aus den arabischen Ländern, aus Persien, Bangladesch, Indonesien und Malaysia beeinflusst wurde. Eine eigenständige Form der Thaana-Schrift findet sich bereits auf einem der frühesten Funde der Inseln, den Inschriften buddhistischer Tempel des 12. Jahrhunderts.

Im Mittelalter mischten sich schließlich noch Elemente des Portugiesischen hinein und ab dem 19. Jahrhundert Englisch. So gibt es in der Geschichte der Inseln auch verschiedene Landesnamen: Mahiladvipika, Mahaldib oder das englische Cowrie Island. »Wir sind eine echte Mischung all dieser Staaten und Rassen«, sagt die Historikerin und Sprachwissenschaftlerin Naseema Mohamed vom Council for Linguistic and Historical Research in Male.

Doch noch ist der Dialekt weit davon entfernt, eine wirkliche Landessprache zu sein. So wird auf Huraa und in all den anderen Insel-Schulen der Koran noch immer auf Arabisch gelehrt. Die Übersetzung ins Thaana-Alphabet und die Einheimischensprache lässt auf sich warten: Sie ist in Male gerade erst in Druck gegangen.

Ab der sechsten Klasse unterrichten Lehrer aus Sri Lanka und Indien die Kinder auf Huraa im Englischen. Das ist auch notwendig: »In früheren Zeiten gab es nur zwei Möglichkeiten zu drucken: in Englisch oder Arabisch. Im Computer gibt es das Thaana-Alphabet nicht, und erst seit Kurzem werden Programme in Dhivehi geschrieben, allerdings mit arabischen Lettern. Unsere Leute kommen eben mit den lateinischen Buchstaben nicht so recht klar«, beschreibt Wafir das Problem.

So kann es noch eine Weile dauern, bis das Wahlbanner der Schule, das in Thaana-Lettern über dem Eingang prangt, Wirklichkeit wird: »Der Koran und die Sprache Dhivehi bilden die Grundpfeiler des maledivischen Volkes.« Denn das Fehlen einer einheitlichen Druckschrift ließ die Dialekte der südlichen und nördlichen Atolle so weit auseinandergehen, dass auf verschiedenen Karten selbst Inselnamen unterschiedlich geschrieben werden.

Im Land der Geister

Ali Hussain

Auf den Malediven, so glauben die Bewohner, wurden die menschlichen Wesen aus Wasser geschaffen und die Jinnis aus Feuer. Jinnis nennt man auf den Malediven die Geister. Genau wie es gute und schlechte Menschen in der materiellen Welt gibt, existiert Gutes und Schlechtes in der Welt der Geister. Malediver glauben, dass Jinnis in einer anderen Sphäre leben und den Menschen zahlenmäßig sowie intellektuell überlegen sind. Und dass die Jinnis sehr wohl das Leben der sterblichen Wesen beeinflussen, zumal es sie überall gibt. Sie können wohlwollend sein oder auch bösartig. Es ist auch gut möglich, dass man im Alltag aus Versehen einen Jinni verletzt. Ein Malediver würde niemals etwas wegwerfen oder auf den Boden spucken, ohne zuvor den Jinni zu warnen, der sich womöglich irgendwo versteckt halten könnte: »Möge dies kein achtenswertes Geschöpf treffen.« Insbesondere in den Nächten hört man diesen Ruf laut über die Inseln schallen.

Ein Jinni ist in seiner natürlichen Form unsichtbar, doch wenn ihm danach ist, kann er durchaus eine Gestalt annehmen, die das menschliche Auge erkennt. Der Mensch hingegen wird sich vergebens bemühen, einen Jinni zu Gesicht zu bekommen, es sei denn, der Jinni möchte von ihm gesehen werden. Jinnis können weite Entfernungen in null Komma nichts zurücklegen, aber nicht nur das, sie durchqueren auch mühelos Zeit und Raum . Und wenn ein Jinni will, kann er an jeden beliebigen Zeitpunkt in der Vergangenheit oder in der Zukunft reisen und Informationen sammeln, die lediglich in einem bestimmten Zeitraum zur Verfügung stehen.

Die Malediver glauben indes nicht, dass Jinnis Seelen der Verstorbenen sind, die auf die Erde zurückkehren, um die materielle Welt zu verfolgen. Sie glauben ohnehin nicht, dass ein Toter, egal ob Mann oder Frau, in die Welt zurückkehrt.

Obwohl einige wenige Malediver den Glauben an Überirdisches ablehnen, spielt er im Inselalltag eine wichtige Rolle. Würde man einen Jugendlichen in Jeans, T-Shirt und dunkler Sonnenbrille nach diesen Dingen fragen, würde er nur den Kopf schütteln, was ihn jedoch nicht daran hinderte, die Dienste eines Vertreters des Okkulten in Anspruch zu nehmen, nur damit seine Lieblingsmannschaft das Fußballspiel gewinnt.

Die maledivische Gesellschaft hat eine Reihe von guten und bösen Omen für jede Gelegenheit parat:

Ein ungewöhnliches Zucken im rechten Auge eines Mannes ist ein gutes Zeichen, im linken Auge einer Frau ist es hingegen ein schlechtes.

Sucht eine Gartenschlange in regelmäßigen Abständen ein Haus auf, so ist dies ein Zeichen für Wohlstand und Glück.

Wenn eine Libelle oder ein anderes Insekt ständig ein und aus fliegt, gilt dies als Warnung, dass Nachrichten aus der Ferne oder ein fremder Besucher eintrifft.

Wenn sich zwei unterhalten und ein Gecko bellt, betont dies die Wahrhaftigkeit jener Person, die gerade gesprochen hat.

Leben Tauben ruhig und zufrieden unterm Dach, so ist das Haus gesegnet mit Ruhe und Wohlstand. Sind die Tauben aber unglücklich oder verlassen gar ihre Wohnstatt, wird Unglück über das Haus kommen und womöglich unbewohnbar.

Dunkle Mächte

Den Namen Ravaabeenaa gibt man einer Person, die in der Lage ist, mittels der bösen Kraft ihrer Zunge anderen Leuten Schaden zuzufügen. Wenn ein Ravaabeenaa sich zu etwas positiv äußert, beispielsweise zu einer bestimmten Leistung, wird dies sogleich ins Gegenteil verkehrt. Wenn ein Ravaabeenaa beispielsweise sagt: »Du hast aber einen wohlerzogenen Sohn«, wird sich sein Verhalten mit Bestimmtheit ändern. Und wenn ein Ravaabeenaa meint: »Das Haus, das du baust, ist solide«, bricht sicherlich ein Unglück über das Gebäude herein. In gewisser Weise ähnelt Ravaabeenaa dem »bösen Auge«, an das man im Westen glaubt.

Der Glaube an Ravaabeenaa ist in der maledivischen Gesellschaft weit verbreitet. So überrascht es denn auch nicht, wenn abergläubische Mütter ihre Kinder und Handwerker ihre Arbeiten vor den Ravaabeenaas verstecken. Eine Schwangere trachtet danach, jeglichen Kontakt zu diesen Personen zu vermeiden aus Angst, dass dem ungeborenen Kind in ihrem Leib Schaden zugefügt werde.

In den später 1930er-, Anfang der 1940er-Jahre lebte ein berüchtigter Ravaabeenaa namens Don Maniku in Male. Es wird berichtet, dass Don Maniku eines Tages spazieren ging und einen Papayabaum sah, an dem schwer die reifen Früchte hingen, was Don Maniku die Bemerkung entlockte: »Ich habe von Papayabäumen gehört und auch welche gesehen, die schwer behangen sind, aber dieser Baum stellt alle anderen in den Schatten. Seht nur, wie viele Früchte an seinen Ästen hängen! Dieser Baum muss wirklich stark sein, wenn er das Gewicht all dieser Früchte tragen kann. Erstaunlich!« Und Don Maniku ging weiter seines Wegs. Noch vor Sonnenuntergang brach der Baum unter der Last der schweren Papayas zusammen.

Ein guter Freund berichtete mir von einem weiteren Fall: »Unser Haus stand genau vor Don Manikus Anwesen. Als mein Vater eines Morgens begann, eine Mauer rund ums Haus zu bauen, kam Don Maniku auf dem Weg zur Arbeit vorbei. Um drei Uhr nachmittags war die Mauer schon einen Meter hoch. Als Don Maniku wieder nach Hause ging und sah, dass mein Vater die Mauer auf diese beachtliche Größe hochgezogen hatte, bemerkte er unschuldig: ›Nie hätte ich mir träumen lassen, dass du so ein geschickter Maurer bist. Heute Morgen gab es noch gar keine Mauer, und nun ist sie schon so groß. Und schau mal, wie solide sie gebaut ist. Ich bin mir sicher, dass sie niemals einstürzen wird.‹« Kaum hatte er die Türschwelle seines Hauses betreten und das Tor hinter sich geschlossen, stürzte die Mauer ein.

Der dritte Fall handelt von einem hübschen Mädchen aus Male. Ahmads schöne Tochter war siebzehn Jahre alt, von ihrer Schönheit sprach die ganze Insel. Alle fähigen und auch weniger fähigen Junggesellen sowie ein Grüppchen verheirateter Männer hielten um ihre Hand an. Eines Abends stand Ahmad mit seiner wunderschönen Tochter am Tor, als Don Maniku vorbeikam. Sobald das Mädchen ihn sah, rannte sie davon und versteckte sich, doch Don Maniku hatte sie schon aus den Augenwinkeln erblickt. Da die beiden Männer gute Freunde waren, begannen sie miteinander zu plaudern, und Don Maniku sagte: »Was für eine schöne Tochter du hast! Ich bin wirklich neidisch. Man sagt, dass eine schöne Tochter einem wie ein Schlüssel das Tor zum Reichtum öffnet. Und wer weiß, vielleicht betritt sie eines Tages einen Palast? Du kannst dich wirklich glücklich schätzen!« Er lachte kurz auf und ging weiter. In derselben Nacht bekam die Tochter hohes Fieber, und am nächsten Morgen war sie tot.

Das Ritual der Fanditha wird auf den Malediven seit undenklicher Zeit praktiziert. Es gibt verschiedene Arten von Fanditha, die entweder schützen, heilen oder gar zerstören.

Sehr wichtig ist die Fanditha für die Medizin. Die maledivische Verfassung gesteht den Gesundheitsbehörden sogar zu, Bewilligungen für die Anwendung von Fandithas auszustellen. Dies zeigt, dass die moderne westliche, wissenschaftlich solide Medizin erst noch das Vertrauen des maledivischen Normalbürgers gewinnen muss. In unzähligen Fällen konnte Fanditha Krankheiten heilen, die von den Praktizierenden westlicher Medizin als unheilbar erklärt worden waren. Doch auch alle anderen Leiden, angefangen bei Kopfschmerzen über Fieber bis hin zu psychischen Störungen, lassen sich mit Fanditha heilen.

Fanditha wird auch verwendet, wenn bestimmte Herzenswünsche erfüllt werden sollen. Begehrt ein Mann eine Frau, oder eine Frau liebt vergeblich einen Mann, dann geht der Maledive zu einem auf Fanditha spezialisierten Mann und bittet um eine nur zu diesem Zwecke vorgesehene Fanditha namens Isthiri. Dasselbe gilt auch, wenn jemand die Frau eines anderen begehrt. Offenbar wurden auf diese Weise unzählige Frauen durch die Anwendung einer Fanditha geraubt. Ein sogenannter Spezialist brüstete sich sogar damit, dass er jede Frau bekommen könne, an die er sein Herz verloren habe. Ich fragte ihn dann halb im Scherz, ob er auch für mich eine Dame besorgen könne, wenn ich ihren Namen verrate, und wie viel das kosten würde. Der Fanditha-Zauberer lachte und meinte, er würde nichts dafür verlangen, denn es ginge ja darum, die Macht der Fandithas zu beweisen.

So wie in der westlichen Medizin die Ärzte auf eine Fachrichtung spezialisiert sind, haben auch die Fanditha-Männer ihr Fachgebiet. Selbst in unserer modernen Zeit wächst die ohnehin enorme Nachfrage nach spezialisiertenRanditha-Ärzten.

Begegnung mit einem Geist

Im Jahr 1955 waren Hassan Mohamed und ich Angestellte des maledivischen Amts für Pressewesen. Man erzählte sich, dass er ein Verhältnis mit einem weiblichen Geist gehabt habe. Später soll er sie sogar geheiratet und Kinder mit ihr bekommen haben. Als ich Hassan nach diesem Gerücht fragte, bestätigte er dies sogar. Bereitwillig erzählte er mir die ganze Geschichte, von der ersten wundersamen Begegnung mit der Geistfrau bis zur schmerzvollen Trennung.

»Vor etwa sechsunddreißig Jahren, ich war damals gerade sechzehn Jahre alt und beim staatlichen Unternehmen Bodu angestellt, fuhr ich zusammen mit meinen Kollegen oft zur Hulhule-Insel hinüber, die damals nur spärlich bewohnt war. Abergläubische Malediver hielten sie für unheilvoll, bedrohlich und düster. Bei einem dieser Besuche spazierte ich durch den Wald. Es war üblich, ein Raivaru zu rezitieren – eine alte Gedichtform –, wenn man im Wald arbeitete oder ihn durchquerte. Man beendet gewöhnlich das Raivaru mit einem schrillen und gedehnten Schrei, was als Aufforderung an alle Menschen in Hörweite gedacht ist, mit einem Raivaru zu antworten und auf diese Weise ein Zwiegespräch zu beginnen.

Da ich mich ziemlich einsam fühlte, begann ich ein Raivaru und beendete es mit dem üblichen »Hoah«. Sogleich erhielt ich Antwort von einer Frauenstimme. Doch sie kam aus zu weiter Ferne, als dass ich einzelne Wörter hätte verstehen können.

Jedes Raivaru, das ich nun vor mir hersagte, wurde immer

sogleich von derselben Stimme beantwortet. Ich machte halt unter einem Banyan-Baum und sprach weiter die Verse des Raivaru vor mich hin. Ich spürte, wie sich die Stimme näherte. Seltsam, ich konnte weder das Auftreten von Füßen noch Blätter oder trockene Zweige knirschen hören, wie das normalerweise üblich ist, wenn jemand durch den Dschungel geht. Irgendetwas stimmte hier nicht. Mir war unheimlich zumute, und ich wurde nervös. Mein Magen verkrampfte sich aus lauter Angst. Ich hielt inne mit dem Raivaru und stand vollkommen erstarrt da, wagte nicht einmal zu atmen. Gebannt lauschte ich.

Kurz darauf hörte ich Schritte, die näher kamen. Und plötzlich tauchte eine Gestalt auf. Es war ein Mädchen, ihre Schönheit raubte mir den Atem. Sie war liebreizend, schlank und wohlgeformt, war in etwa gleich groß wie ich und ging mit einem geschmeidigen und würdevollen Gang in Richtung Osten. Ich folgte ihr. Der Anblick dieses schönen und bezaubernden Mädchens nahm mir meine Angst.

Mehrere Male rief ich nach ihr, doch sie antwortete nicht und ging unentwegt weiter. Ich schritt schneller aus, aber der Abstand zwischen uns blieb immer gleich. Die ganze Zeit fragte ich sie, warum sie mein Raivaru beantwortet habe, wenn sie sich jetzt so scheu und zurückhaltend gebe. Doch sie antwortete nicht. Ich rief, sie solle anhalten, aber sie blieb mir eine Antwort schuldig. Ich konnte nur noch ihren Rücken sehen; ihr Haar war lang und schön und ging ihr bis zu den schmalen Hüften. Ihre Kleidung war von einem stumpfen Grau, was für Mädchen in ihrem Alter damals üblich war.

Alle weiteren Versuche, ein Gespräch mit ihr zu beginnen, schlugen fehl. In meiner Verzweiflung sagte ich ihr, dass ich Junggeselle sei, und fragte sie, ob sie mich heiraten wolle. Daraufhin drehte sie sich ruckartig um und lächelte, blieb aber keineswegs stehen. Ihr ovales Gesicht mit den hohen Backenknochen und einer wohlproportionierten Stirn – wie von einem begnadeten Bildhauer gemeißelt – waren schön anzusehen. Mit ihrem Lächeln umgarnte sie mich, und mir war, als sei der Augenblick gekommen, da all meine Hoffnungen und Träume in Erfüllung gehen würden. War das Liebe auf den ersten Blick?

Erst da fiel mir auf, dass sie sich zwar umgedreht hatte, aber dennoch unbeirrt weitergegangen war. Deshalb wiederholte ich meinen Antrag. Und ich fragte sie, wohin sie gehe und warum sie mir nicht antworte. Erneut wendete sie sich mir zu, lächelte mich an, blieb aber nicht stehen. All meine Bemühungen, mich ihr zu nähern, waren vergebens. Gerade als ich sie zum dritten Mal fragen wollte, ob sie mich heiraten würde, hörte ich jemanden hinter mir rufen. Augenblicklich drehte ich mich um, sah aber niemanden. Vielleicht hatte ich mich verhört, dachte ich, und folgte mit den Blicken dem Mädchen, das inzwischen den Pfad verlassen und sich ins Gebüsch geschlagen hatte.

Ich ging schneller und konnte das Mädchen nur noch undeutlich erkennen, rannte wie verrückt los, wurde aber plötzlich zu meiner Verwunderung und Bestürzung von einer Wand aus dicht gewachsenen Büschen und Pandanus-Bäumen mit scharfkantigen Blättern aufgehalten. Zugang zu diesem Bereich war sterblichen Wesen wie mir unmöglich. Fassungslos starrte ich auf dieses undurchdringliche Hindernis. Etwas stimmte nicht, ich war vollkommen durcheinander. Der Dschungel hütete seine Geheimnisse.

Doch meine Verblüffung wich rasch einer unerklärlichen Angst, Schweiß lief mir den Rücken herab, ich hörte mein Herz heftig pochen, als ich den Weg zurückrannte. Alles kam mir auf einmal grau und trüb vor, und mein Körper fühlte sich wie in Trance. Mir schien, ich laufe um mein Leben, mein Atem ging immer schwerer, bis ich nicht mehr konnte.

Ich setzte mich hin, streckte meine Beine aus. Jegliche Energie schwand aus meinem Körper, mir wurde schwindlig, und meine Augen fielen zu.

Im selben Moment schreckte mich ein Geräusch hoch oben in den Bäumen auf. Eine Kokosnuss war nur wenige Meter entfernt von mir zu Boden gefallen, und plötzlich war ich hellwach. Meine Umgebung erschien mir klarer als zuvor; ich muss mich in einem Zustand vollkommener Verwirrung befunden haben. Erst die Kokosnuss hatte mich wieder zu mir zurückgebracht. Ich war alarmiert, griff nach der Nuss und legte sie neben mich. Dann stand ich auf, irrte weiter durch den Dschungel, bis ich plötzlich zu einem Friedhof und in die Nähe einer Siedlung gelangte.

Die erste Person, der ich begegnete, war eine Bekannte von mir. Doch irgendetwas schien an mir zu sein, dass sie mich so seltsam und neugierig anschaute. Ein wenig misstrauisch fragte sie mich, woher ich denn käme. Sie hätte nach mir gerufen, als ich hier kurz zuvor vorbeigegangen war. Wieso ich nicht geantwortet und stattdessen meinen Blick fest auf den Pfad vor mir gerichtet hätte, wollte sie wissen. Ich erzählte ihr nichts von meiner Begegnung im Dschungel, sondern sagte nur, dass ich in einer dringenden Angelegenheit unterwegs und ganz in Gedanken vertieft gewesen sei und sie deshalb nicht bemerkt hätte.

Meine Freunde erwarteten mich bereits ungeduldig und fragten, wo ich so lange gewesen sei. Ich entschuldigte mich und meinte nur, ich hätte einen Spaziergang durch den Wald gemacht. Dann kehrten wir nach Male zurück.

Nach diesem seltsamen Erlebnis zog mich etwas Unwiderstehliches, Mächtiges, ja eine leidenschaftliche Begierde geradezu magisch nach Hulhule. Wann immer es mir möglich war, fuhr ich hinüber zur Hulhule-Insel, doch das Mädchen sah ich nicht wieder.

Sechs Monate später heiratete ich, wir lebten bei der Familie meiner Frau in Henveyru. Doch obwohl ich nun eine Frau hatte, fuhr ich nach wie vor jeden Freitag – meinem einzigen freien Tag – nach Hulhule. Noch immer hegte ich die Hoffnung, das Mädchen wiederzusehen. Geradezu quälend war diese Anziehungskraft, die mich zu diesen Fahrten trieb, ich stand wie unter einem Bann.

Einige Wochen danach wurde ich krank, ein Geschwulst bildete sich auf meinem Rücken, weshalb ich am darauffolgenden Freitag nicht nach Hulhule fahren konnte. Eines Nachts, ich hatte eine Salbe auf den Abszess getan und meine Frau war gerade bei Nachbarn, um heiße Asche zu holen, mit der sie den Abszess erhitzen und damit zum Platzen bringen wollte, erschien völlig unerwartet das Mädchen von Hulhule.

Ich lag auf einem Bett im Haus, als sie mit wiegenden Schritten auf mich zukam. Mitfühlend fragte sie mich, ob ich krank sei. Ihre Stimme klang warm und freundlich. Sie fragte noch, wohin meine Frau gegangen sei. Aha, sie hatte also mitbekommen, dass ich geheiratet hatte! Woher nur? Sie sagte, sie habe es eben gewusst und sei in dem Moment ins Haus getreten, als es meine Frau verlassen habe. Dann fragte sie mich, wieso ich letzten Freitag nicht nach Hulhule gekommen sei und jemanden anders geheiratet hätte. Ich antwortete ihr, dass ich viele Male nach ihr Ausschau gehalten, sie aber nicht mehr gesehen hätte. Schließlich hätte ich mich entschieden, eine andere zur Frau zu nehmen. Sie konnte sich mit dieser Erklärung nicht abfinden und beklagte sich bitterlich.

Das erste Mal war sie an einem Sonntag aufgetaucht, doch unsere Begegnung blieb allen anderen verborgen. Ich kann mich nicht daran erinnern, was dann passierte, ich muss das Bewusstsein verloren haben. In diesem Zustand war ich ins Haus meines Bruders getragen worden. Als ich wieder zu mir kam, war es gegen zwei Uhr morgens. Mein Bruder war an meine Bettstatt getreten und machte sich offensichtlich Sorgen. Ununterbrochen fragte er mich, was mir fehle. Nichts, sagte ich, es sei alles in Ordnung, ich wäre einfach nur ohnmächtig geworden, behielt aber für mich, was geschehen war. Nach meiner Genesung kehrte ich wieder zu meiner Frau zurück.

Nachts besuchte ich oft meinen Bruder, und auf dem Weg dorthin traf ich das Mädchen aus Hulhule. Eines Nachts sagte sie, es wäre günstiger für sie, wenn sie mich im Haus meines Bruders treffen könnte, wir sollten doch dorthin ziehen. Zunächst ging ich nicht auf ihre Bitte ein. Nachdem sie aber immer sehnlicher drängte, konnte ich ihr den Wunsch nicht mehr länger abschlagen, und wir zogen um.

Danach kam sie mich immer häufiger besuchen. Wir plauderten ein wenig miteinander, und dann verließ sie mich wieder. Das Haus selbst betrat sie nie, wir saßen immer nur auf der Schaukel. Meine Frau sah uns nicht, denn sie war sehr jung und abergläubisch, sie hatte viel zu viel Angst, um nachts aus dem Haus zu gehen.

Jede Nacht kam mich nun das wunderschöne Mädchen aus Hulhule besuchen, und ich fragte sie, wie sie das anstelle, so oft nach Male zu kommen. Sie erzählte, wie sie jeden Abend mit den Kokosnusshändlern käme und am nächsten Morgen mit ihnen nach Hulhule zurückkehrte.

Unentwegt beklagte sich das Mädchen, dass ich eine andere geheiratet hätte, und sie erinnerte mich daran, wie ich im Urwald um ihre Hand gebeten hatte, ja sie drang sogar darauf, dass ich mich scheiden lasse. Ich entgegnete, dass das meiner Frau gegenüber höchst ungerecht wäre, doch sie jammerte weiter und klagte. Schließlich gab ich nach, ließ mich scheiden, und meine Frau kehrte zu ihren Eltern zurück.

Allein lebte ich nun im Haus meines Bruders, der bei seiner Frau wohnte und nur selten vorbeikam. Von da an traf ich das Mädchen regelmäßig. Um sechs Uhr abends kam ich nach Hause, um halb sieben tauchte sie auf.

Eines Nachts bot ich ihr an, sie zurück nach Hulhule zu begleiten, doch sie fürchtete, ein Unglück könne dort über mich hereinbrechen. Sie verriet mir, dass sie mit ihrer Mutter zusammenlebte und ihr Vater schon vor einigen Jahren gestorben sei. Ihre Mutter war strikt dagegen, dass ich nach Hulhule käme, wenngleich sie bereits in die Heirat eingewilligt habe. Und da wir ohnehin jede Nacht miteinander verbrächten, gäbe es keinen Grund, vor der Hochzeit nach Hulhule zu gehen.

Bald lebten wir wie Mann und Frau zusammen; sie besuchte mich regelmäßig, erschien in der Abenddämmerung und verließ mich im ersten Morgengrauen. Sie war eine Frau von bezaubernder, sinnlicher und seltener Schönheit.

Wie ich schon sagte, kam mein Bruder nur selten nach Hause, ging dann immer direkt in sein Zimmer und schlief. Doch eines Tages schien er etwas zu ahnen. Er musterte mich und fragte, ob mich eine Frau besuchen würde. Ich wich aus und sagte, ja, eine Nachbarin sei vor einer Weile da gewesen, die mittlerweile gestorben sei. Er ließ nicht locker. Ob noch jemand anders gekommen sei? Ich zögerte einen Augenblick und gestand ihm, dass ich wieder heiraten wolle und dass er vielleicht meine zukünftige Frau meine. Er bat mich, die Frau zu beschreiben, und hörte mit ernster Miene zu. Als ich meine Erzählung beendet hatte, war seine Antwort klipp und klar: Diese Frau dürfe ich unter keinen Umständen heiraten, ich solle stattdessen unverzüglich ins Haus seiner Frau mitkommen.

Dort wich mein Bruder nicht von meiner Seite. Zudem beauftragte er vier Männer, Wache zu halten. Zwei Tage später lag ich auf einer hölzernen Plattform, auf dem Bodu Ashi, wie sie in jedem traditionellen maledivischen Haus zu finden sind. Ich bekam plötzlich einen Anfall, verlor das Bewusstsein und sah das Mädchen wieder. Als ich wieder zu mir kam, lag ich noch immer auf dem Bodu Ashi.

Mein Bruder und andere Verwandten vermuteten, dass ich mich auf eine Beziehung mit einem Geist eingelassen hatte. Sie glaubten, das Mädchen sei kein menschliches Wesen, sondern eine Geistfrau, ein Jinni, und dass dieser Jinni mir Schlechtes antun würde. Fest entschlossen und mit allen Mitteln wollten sie mich, immerhin ein Mitglied der Familie, von dieser Bedrängnis befreien und schreckten auch nicht vor schwarzer Magie zurück. Es galt, den mächtigen Zauber zu brechen, der mich so unwiderruflich mit der Geistfrau zu verbinden schien. Würde von meinem seltsamen Verhalten und meiner Liebe zu einem Jinni etwas an die Öffentlichkeit gelangen, wäre das geradezu peinlich und würde kein gutes Licht auf mich und meine Familie werfen.

Am darauffolgenden Tag wurde ich in das Haus meiner älteren Schwester gebracht, und dort wurde das erste Mal eine Fanditha durchgeführt, um den Geist zu vertreiben und meine Beziehung zu dem Mädchen aufzulösen.

Als der Fanditha-Mann mit seinen Beschwörungsformeln und Rezitationen begann, fiel ich sogleich in Ohnmacht, und das Mädchen erschien mir. Sie sah ganz anders aus. Ihr fesselndes Lächeln war einem kummervollen Ausdruck gewichen, sie zitterte am ganzen Leib, und Tränen strömten ihr über die Wangen. Sie flehte mich an mit einer zittrigen und heiseren Stimme, ich solle veranlassen, dass man mit der Beschwörung aufhöre. Sie wischte sich die Tränen aus dem Gesicht und fragte, warum meine Verwandten so böse auf sie seien, dass sie diese Fanditha-Männer beauftragt hätten, sie zu vernichten und uns beide zu trennen. Ich antwortete, dass ich nichts damit zu tun hätte, und wiederholte mein Versprechen, dass uns nichts auseinanderbringen würde.

Die bekanntesten Fanditha-Meister jener Zeit führten Rituale für mich durch, einige sind noch immer am Leben und können es bezeugen. Sie begannen stets in der Abenddämmerung, denn da tauchten die Jinnis normalerweise auf. Zu Beginn der Zeremonie war ich bei vollem Bewusstsein, aber kurze Zeit fiel ich in Ohnmacht, und das Mädchen erschien mir. Erst später wurde mir klar, dass die Fanditha-Männer mich nach ihr fragten, wenn ich ohnmächtig war, und ich ihnen antwortete. Einmal wurde ich gefragt, wo das Mädchen sei, und ich antwortete, sie sitze auf dem Kopf eines Rezitators. Der Mann verlor die Nerven, sprang auf und rannte blitzartig aus dem Raum.

Das letzte Fanditha-Ritual wurde von einem gewissen Abdul Rahman aus Fua Mulaku vollführt. Gleich zu Beginn erschien das Mädchen, sie sah ein wenig fülliger aus und errötete. Ich fand heraus, dass sie schwanger war. Heftig beschwerte sie sich, dass die Fanditha-Rituale sie zerstören würden, sie, die mein Kind in ihrem Schoß trage.

Eine Woche lang tauchte das Mädchen nicht mehr auf, und ich verlor auch nicht mehr das Bewusstsein. Der Fanditha-Mann war zufrieden, denn er meinte, das Mädchen habe mich nun endgültig verlassen. Und man könne mit der Fanditha nun aufhören.

Zwei Nächte vergingen, in denen das Mädchen nicht mehr auftauchte. In der dritten Nacht, gleich nach dem Beginn der Rezitationen, erschien sie, aber nicht allein: Sie trug zwei reizende Babys im Arm, legte sie neben mich auf den Bodu Ashi und setzte sich. Sie wirkte ruhig und gelöst, ich hatte nur Augen für das Mädchen und die Kinder. Sie lächelte mich an und entschuldigte sich, dass sie mich wegen der Niederkunft eine Weile nicht sehen konnte. Ich schaute mir die Kleinen genauer an, sie waren gleich angezogen. Ich fragte sie, ob es beides Mädchen seien. Sie lächelte nur und antwortete: »Es sind Zwillinge, ein Junge und ein Mädchen.«

Als ich wieder erwachte, kam meine Schwester zu mir. Ein wenig vorwurfsvoll erzählte sie mir, dass ich sie geschlagen hätte, als sie nach einem Buch greifen wollte, das neben mir lag. An die Stelle des Buches, so erinnerte ich mich, hatte das Mädchen die Zwillinge gelegt. Offenbar wollte ich im bewusstlosen Zustand meine Kinder schützen und hatte aus einem Reflex heraus meine Schwester geschlagen.

Der Fanditha-Zauberer war nachdenklich und meinte, ich hätte einen Rückfall. Ich erzählte ihm von der Niederkunft des Mädchens und von den Kindern. Er zog seine Stirn in Falten und sagte meinem Bruder, das Verhältnis mit dem Mädchen sei schon zu weit gediehen, jetzt, da Kinder da wären. Er empfahl, die Fanditha-Rituale zu beenden und mich gehen zu lassen. Da ich mich nicht so verhielt wie andere von Geistern Besessene, immer ruhig blieb und nie gewalttätig wurde, riet er, mich mit dem Mädchen zusammenleben zu lassen – eine feinfühlige Entscheidung. Mein Bruder war aber damit nicht einverstanden und bestand darauf, mit der Fanditha-Zeremonie fortzufahren.

Nach einer kurzen Unterredung willigte der Mann ein, dachte eine Weile nach und hob dann mit tiefer und ernster Stimme an: Da das Verhältnis zwischen mir und dem Mädchen weit fortgeschritten sei, müsse jede Fanditha noch mächtiger, aufwendiger und gefährlicher sein. Am Ende riskiere man den Tod von einem der Beteiligten, dem Mädchen oder mir. Mein Bruder und die Verwandten waren verstört, niemand sprach ein Wort, doch ihre Gesichter verrieten ihre Angst und ihre Bedenken. Bis mein Bruder das Schweigen brach und darauf beharrte, mit dem Ritual fortzufahren. Man sollte keineswegs aufgeben angesichts meiner prekären Lage, auch wenn die Heilung beträchtliche Risiken barg.

Die neue Fanditha-Runde begann, sie unterschied sich tatsächlich von den vorhergehenden. Das makabre Ritual wurde noch rätselhafter und komplizierter, mit Ruß malte man mir eigenartige, ja groteske Muster auf den Körper.

In der dritten Nacht erschien das Mädchen, dieses Mal in Begleitung von zwei alten gebrechlichen und ausgemergelten Frauen. Sie übernahmen es, Klage in einem weinerlichen Ton zu erheben, beschimpften mich und fragten, warum ich all das zulasse, denn nichts könne das Mädchen von mir entfernen, solange sie beide noch am Leben seien. Das neue Fanditha-Ritual hatte sie erzürnt und herausgefordert. Und sie schworen mit ihren markerschütternden Stimmen, alle Fanditha-Rituale zu übertrumpfen, die einzig darauf aus seien, unserer beider Liebe zu zerstören. Sie gaben zu verstehen, dass sie es waren, die mich in den Wald von Hulhule geführt hatten, weil das Mädchen es so wollte, und sie hätten unsere erste Begegnung beobachtet und wie ich dem Mädchen gesagt hätte, dass ich es heiraten würde. Immerhin hätten wir beide jetzt Kinder und seien unzertrennlich. Meine Verwandten könnten diese Liebe nie zerstören. Die ganze Zeit über war das Mädchen ruhig geblieben, doch als sie sich anschickte, mit den beiden alten Frauen aufzubrechen, trafen sich unsere Blicke, und sie murmelte: »Ich gehe jetzt.«

Von da an wurde sie mir gleichgültig. Ich rief mir nochmals alles in Erinnerung und bereute zutiefst die Vorkommnisse, die mich in diese verzweifelte Lage gebracht hatten. War diese Liebe nur eine schicksalhafte Fügung oder eine drängende Sehnsucht, die mich gefangen hielt? Ich wollte diese seltsame Beziehung beenden und war fest entschlossen, mich von ihrem Bann zu befreien. Ich wollte das Jinni-Mädchen ein für alle Mal aus meinem Leben vertreiben.

In der darauffolgenden Nacht erschien das Mädchen wieder. Der Fanditha-Mann sagte mir, ich solle ihren Namen in Erfahrung bringen. Als ich das Mädchen danach fragte, verriet sie ihn mir nicht, denn meine Familie würde sie töten, wenn sie wüssten, wie sie heiße. Ich erzählte ihr, wie sehr meine Verwandten gegen diese Beziehung waren und wie sehr mich unser Verhältnis in Mitleidenschaft zog. Es sei deshalb notwendig, dass wir uns trennten, gab ich ihr zu verstehen. Traurig und enttäuscht sah sie mich an. Als ich fragte, ob sie mir eines der beiden Kinder überlassen würde, lächelte sie nur traurig und schüttelte den Kopf. Sie willigte aber gnädig und großzügig ein, die Beziehung zu beenden, weil die Dinge sich ansonsten zu meinem Nachteil entwickeln würden. Ein Kind aber überlasse sie mir nicht, denn die Verwandten würden es töten, die ohnehin grausam wären und unbarmherzig in der Verfolgung und Zerstörung unserer beider Liebe. Im Moment sei es jedenfalls nicht ratsam, die Beziehung fortzusetzen. Sie würde mich jetzt zwar verlassen, ich aber solle nie vergessen, dass ich eine Frau und Kinder hätte. Zuletzt bat sie mich noch, meiner Familie mitzuteilen, dass sie mich jetzt in Ruhe lassen würde.

Als ich wieder zu mir kam, erzählte ich, was mir das Mädchen mitgeteilt hatte. Dem Fanditha-Meister entfuhr ein schwerer Seufzer. Er sah erleichtert aus, schien regelrecht zu triumphieren und erklärte die Fanditha-Zeremonie für beendet. Er schrieb einen Zauberspruch auf ein Blatt Papier, faltete es mehrmals und rollte es in ein zylinderförmiges Gefäß. Als Schutz gegen böse Geister wurde es dann um meine Hüfte gebunden. Des Weiteren empfahl mir der Fanditha-Mann eindringlich, zwei Jahre lang ledig zu bleiben und mich nie des Nachts mit einer Frau unter einem Baum zu treffen.

Ungeachtet dieser Ratschläge heiratete ich ein Jahr später. Und obwohl ich nicht auf den Fanditha-Mann gehört hatte, ließ mich das Jinni-Mädchen in Ruhe. Die ganze Zeit über trug ich gehorsam den Talisman. Eines Nachts, ich hatte mich gerade entkleidet, um mich im Brunnen zu baden, fiel mir auf einmal auf, wie abgenutzt der Talisman aussah und dass die Oberfläche bereits abblätterte. Würde ich ihn weiter beim Baden tragen, fiele er womöglich bald auseinander und wäre damit ein für alle Mal zerstört. Ich nahm den Talisman ab und hängte ihn über den Zweig eines großes Baumes, der über die Wasserstelle ragte, die von vier Wänden umgeben war und kein Dach hatte.

Nach dem Bad ging ich zurück ins Haus und kämmte mein Haar, als mir plötzlich der Talisman wieder einfiel. Schnell kehrte ich um, doch zu meiner Überraschung war er weg. Wie konnte das sein? Er hing nur kurze Zeit dort, und niemand sonst hatte die Badestelle betreten.

Zwei Nächte nach diesem rätselhaften Verschwinden hatte ich auf einmal stechende Schmerzen hinter meiner Stirn. Gleichzeitig verspürte ich das dringende Bedürfnis, das Haus zu verlassen. Mein Instinkt zeigte mir den Weg, ich marschierte in Richtung Kuolhi Koshi, wo Bäume und wild wucherndes Gebüsch sich bis zum Strand erstreckten. Es war dunkel, und die Gegend war auf seltsame Weise ruhig. Kein einziges Geräusch war zu hören.

Plötzlich tauchte aus dem Dunkel das Mädchen von Hulhule auf. Sie winkte mich zu sich. Vorwürfe hagelten auf mich ein, dass ich trotz meiner Versprechen wieder geheiratet und ihre Bitten in den Wind geschlagen hätte. Ich rechtfertigte mich und sagte, ich hätte gezwungenermaßen geheiratet, um meinem Bruder und meinen Verwandten glauben zu machen, dass ich sie endgültig aufgegeben hätte. Sie schien mir nicht glauben zu wollen. Sie wisse wohl um den Talisman und was der Fanditha-Mann mir geraten habe. Ich wiederholte, dass ich sie nie verlassen würde, woraufhin sie meinte: »Nun gut, dann lass uns heimlich treffen, und pass bloß auf, dass deine Verwandten nichts mitbekommen.«

Von Zeit zu Zeit befiel mich von da an dieser unerklärliche

Kopfschmerz, und ich verspürte einen schier überwältigenden Drang, das Haus zu verlassen und eine bestimmte Richtung einzuschlagen. Und jedes Mal tauchte das Mädchen plötzlich aus dem Dunkeln auf.

Schließlich wurde meine Frau schwanger, hatte aber eine Fehlgeburt. Mich beschlich das mulmige Gefühl, dass das Jinni-Mädchen irgendetwas damit zu tun hatte. Doch als ich sie danach fragte, wehrte sie sich heftig gegen diesen Vorwurf. Ich glaubte jedoch nicht an ihre Unschuld und drängte in sie, mir die Wahrheit zu sagen. Schließlich gestand sie, sie hätte es getan, weil sie spürte, dass ich sie verlassen würde, entschuldigte sich jedoch gleich dafür. Ich erinnerte sie daran, dass ich sie niemals verlassen könnte, doch unter den gegebenen Umständen könnte ich einfach nicht unverheiratet bleiben. Ich müsste Kinder haben und ein ganz normales Leben führen. Weder wollte ich als Sonderling oder Verrückter gelten noch als Abnormaler stigmatisiert sein.

Ich erzählte ihr von meiner Frau, die mich für einen vernünftigen Mann mit ganz normalen Bedürfnissen hielt. Schließlich trennten wir uns, nachdem wir uns gegenseitig versichert hatten, dass wir uns wiedersehen würden, wenn meine Verwandten dereinst sterben.

Meine Frau gebar ein zweites Kind, das aber gerade mal anderthalb Jahre alt wurde. Da sie keine weiteren Kinder mehr bekommen konnte, ließ ich mich von ihr scheiden, ging eine dritte Heirat ein, die aber wegen Kinderlosigkeit wieder geschieden wurde.

Im Jahr 1973 heiratete ich ein viertes Mal, und aus dieser Ehe gingen sechs Kinder hervor, drei Mädchen und drei Jungen. Einer der Jungen starb, der Älteste ist fünfzehn Jahre, die Jüngste gerade mal einen Monat alt.

Mit meiner vierten Frau führe ich ein glückliches und zufriedenes Leben im Kreis meiner Kinder. Meine Verwandten, die damals »meine Verzauberung« mitbekommen haben, sind alle noch am Leben. Und was mich anbelangt, so genieße ich es, frei von Anspannung und Verstrickungen mit einer Geistfrau zu sein. Doch immer mal wieder denke ich an diese seltsame und außergewöhnliche Liebe zu einem bezaubernden und geheimnisvollen Mädchen. Wird sie zurückkommen, wenn meine Angehörigen sterben? Wird sie ihr Versprechen halten?

Die Wunder der Inselwelt

Ibn Battuta

Diese Inseln sind eines der Wunder der Welt. Ihre Zahl beträgt etwa zweitausend. Je hundert oder etwas weniger bilden Gruppen, die wie ein Ring mit einer torähnlichen Einfahrt angeordnet sind. Nur durch diese Öffnung kann man in den Ring hineinfahren. Wohlgemerkt: Alle Teile des Ringes sind Inseln, die vom Meer umgeben sind. Wenn Schiffe dort ankommen, brauchen sie zwingend einen Lotsen, der von den Einwohnern gestellt wird. Ohne einen Lotsen können sie die Wege zwischen den Inseln nicht passieren, da diese so nahe beieinanderliegen, dass man die eine von der anderen aus sehen kann. Die häufigste Baumart dort ist die Kokospalme. Kokosnüsse bilden auch die Nahrung der Bewohner, wozu dann noch Fisch kommt. Die Kokospalmen tragen zwölfmal im Jahr Früchte, jeden Monat entwickelt sich eine neue. So sieht man auf dem Baum kleine Früchte neben solchen, die eine schon gewisse Größe erreicht haben. Manche sind trocken, andere grün. Das ganze Jahr über verhält es sich auf diese Weise. Die Leute der Region gewinnen aus den Kokosnüssen Milch, Öl und Honig. Aus dem Honig stellen sie Süßigkeiten her, die sie zusammen mit trockenen Früchten essen. Kokosnuss stärkt die Venen.

Während meines Aufenthalts auf den Inseln besaß ich etliche Sklavinnen und vier Frauen, zwischen denen ich in jeder Nacht hin- und herwechselte, solange ich dort blieb. Die Bewohner der Inseln sind fromm, rechtschaffen und friedliebend. Sie essen nur erlaubte Dinge, und ihre Gebete werden erhört. Ihre Körper sind schwach. Sie haben keinen Sinn für den Krieg, ihre Waffe ist vielmehr das Gebet. Als ich dort Kadi war, befahl ich einmal, einem Dieb die Hand abzuschneiden. Da fielen manche von den Anwesenden im Gericht in Ohnmacht. Die Diebe und Räuber von Indien sind kein Schrecken für die Bewohner der Inseln, haben sie doch die Erfahrung gemacht, dass einen jeden, der etwas von ihnen stiehlt, ein plötzliches Unglück ereilt. Wenn Kriegsschiffe der ungläubigen Inder vorbeifahren, nehmen sie nur Leute gefangen, die nicht zu den eigentlichen Bewohnern der Inseln gehören. Diesen selbst tun sie nichts zuleide. Wenn einer der Ungläubigen ihnen etwas wegnimmt, und sei es eine Limone von einem Baum, dann bestraft ihn der Anführer seiner Gruppe streng, weil er für sich selbst die üblen Konsequenzen des Verbrechens fürchtet. Gäbe es diese Furcht nicht, wären die Malediver in den Augen derer, die sie angreifen wollen, verachtenswert, weil sie so schwach sind und den Krieg nicht kennen.

Auf jeder ihrer Inseln gibt es etliche Moscheen. Alle ihre Gebäude sind aus Holz. Die Insulaner sind reinliche Leute und halten sich von Verunreinigungen fern. Ein jeder von ihnen wäscht sich meist zweimal am Tag, weil es dort so heiß ist. Als Duft benutzen sie oft Parfüme, Ghaliya und aromatische Öle. Wenn ein Mann morgens aus dem Schlaf erwacht und mit seinen Gebeten fertig ist, muss seine Ehefrau zu ihm kommen und Kuhla sowie Parfüm bringen. Dann schwärzt er sich die Augen und parfümiert sich. Alle von ihnen gehen barfuß, sowohl der Hochstehende als auch der Einfache. Ihre Straßen sind von Bäumen beschattet. Wer auf ihnen dahinwandelt, fühlt sich wie in einem Garten. Das Wasser in den Brunnen steht recht hoch, etwa zwei Ellen unter der Erdoberfläche.

Wenn ein Reisender zu ihnen kommt, geben sie ihm die schönste Frau als Eheweib gegen die Zahlung einer geringen Mitgift, wenn er das will. Reist er aber weiter, muss er sich von ihr scheiden, weil die Frauen das Land nicht verlassen. Wenn er sich nicht verheiratet, dann dient ihm die Frau, in deren Haus er wohnt. Sie gibt sich mit einer kleinen Gegenleistung zufrieden. Wichtigstes Handelsgut der Malediven ist Qanbar, das sind Fäden aus den Fasern der Kokosnuss, die sie mit Wasser in Gruben gerben. Dann klopfen sie darauf mit Stäben, bis sie weich sind. Man fertigt daraus Fäden, die zu Seilen gedreht werden und in Indien und dem Jemen zum Schiffbau dienen. Wenn die mit den Seilen konstruierten Schiffe auf einen Felsen treffen, geben sie nach, zerbrechen aber nicht sogleich, im Gegensatz zu den Schiffen, deren Planken mit eisernen Nägeln zusammengehalten werden. Von den Malediven kommen die besten Stricke, die man finden kann.

Die Fischer bleiben immer in der Nähe ihrer Insel und fischen nicht vor anderen Inseln. Den Fang salzen sie ein und exportieren ihn nach Indien und China. Als Währung dient anstelle von Geldstücken eine Seemuschel, die sie am Strand sammeln. Sie legen die Muscheln in Gruben, bis ihr Fleisch vertrocknet ist und nur die festen Teile übrig bleiben. Diese nennt man Wada. Von den Malediven wird viel davon nach Bengalen und Indien exportiert, wo die Muscheln ebenfalls als Währung dienen. Sie exportieren auch in den Jemen, von wo die Muscheln in die Länder der Schwarzen gehen, wo sie gleichfalls als Zahlungsmittel benutzt werden.

Die Frauen der Malediven bedecken ihr Gesicht und ihren Körper nicht. Sie bekleiden sich nur vom Nabel abwärts. Das tun auch die Gattinnen ihrer Sultane. Als ich dort das Kadiamt übernahm, konnte ich nicht erreichen, dass sie sich bedecken, ließ aber keine von ihnen unverschleiert in mein Gericht kommen. Die Frauen essen nicht zusammen mit den Männern, sondern für sich. Als ich dort Kadi war, forderte ich meine Frauen auf, mit mir zusammen zu essen, allerdings ohne Erfolg. Der Umgang mit ihnen ist angenehm, sie sind von außerordentlicher Schönheit.

Vertrauenswürdige Gelehrte von den Inseln haben mir erzählt, wie die Malediver zum Islam übertraten. Als sie noch Ungläubige waren, pflegte ihnen ein Ifrit, einer von den Jinnis also, jeden Monat zu erscheinen. Er kam über das Meer wie ein hell erleuchtetes Schiff. Wenn die Insulaner ihn sahen, wählten sie ein jungfräuliches Mädchen aus, schmückten es und brachten es in ihren Tempel, der am Meeresufer stand und dessen Fenster zum Meer hinaussahen. Sie ließen das Mädchen in jener Nacht dort zurück, und wenn sie am Morgen zurückkehrten, fanden sie es tot vor. Jeden Monat bestimmten sie ein Opfer, indem sie Lose untereinander zogen. Auf wen das Los fiel, der gab seine Tochter her, damit sie für den Ifrit geschmückt werde. Eines Tages kam ein Maghrebiner namens Abu l-Barakat al-Barbari zu ihnen, ein frommer Mann, der den Koran auswendig wusste. Er wohnte im Haus einer alten Frau auf der Insel Mahal. Einmal sah er sie weinend in einer Gruppe von Frauen aus ihrer Verwandtschaft, als befänden sie sich auf einer Beerdigung, und er fragte, was denn geschehen sei. Die Person, die zwischen ihm und den Insulanern übersetzte, berichtete, dass das Los auf die alte Frau gefallen sei und dass sie ihre Tochter für den Ifrit vorbereite. Sie weinte wegen des Mädchens, hatte sie doch außer ihm keine Kinder. Da sagte der Maghrebiner, noch ein bartloser junger Mann, zu ihr: »Ich gehe in der Nacht zu dem Ifrit anstelle deiner Tochter. Wenn er mich tötet, dann sterbe ich an ihrer Stelle, werde ich gerettet, dann sei Gott gepriesen.« In dieser

Nacht brachten ihn einige Leute zum Tempel und taten so, als sei er die Tochter der Alten. Der Magistrat des Ortes wusste davon allerdings nichts. Der Maghrebiner trat hinein, setzte sich ans Fenster und rezitierte den Koran. Da erschien der Ifrit mit Augen, flammend wie Kerzen. Als er jedoch den Koran rezitieren hörte, stürzte er sich ins Meer. Der Maghrebiner fuhr mit der Rezitation bis zum Morgen fort. Dann kam die Alte mit ihren Verwandten und den Notabeln des Ortes herbei, um das tote Mädchen zu holen und es in der üblichen Art zu verbrennen. Als sie den Maghrebiner sahen, der den Koran las, gerade so, wie man ihn dort zurückgelassen hatte, waren sie verwundert. Jetzt erklärte ihnen die Alte, was sie auf Wunsch des Maghrebiners getan hatte. Da brachten sie ihn zum Sultan, welcher Schanuraza genannt wurde, und berichteten ihm. Auch der Sultan war erstaunt, und als der Maghrebiner ihm über den Islam erzählte, erweckte er in ihm ein Verlangen danach, sodass der Herrscher sagte: »Bleibe einen weiteren Monat bei uns. Wenn dir das Gleiche noch einmal gelingt und du vor dem Ifrit gerettet wirst, dann werde ich den Islam annehmen.« So blieb der Maghrebiner, und Gott öffnete das Herz jenes Königs für den Islam. Noch vor Ablauf des Monats wurde er Muslim, zusammen mit seinen Kindern und den Großen seines Reiches. Als der nächste Monat anbrach, gingen sie mit dem Maghrebiner zum Tempel, so wie sie es gewöhnlich getan hatten. Der Sultan war auch dabei. Am Morgen sahen sie Abu l-Barakat al-Barbari dasitzen und rezitieren. Ihm war das Gleiche mit dem Ifrit passiert wie beim ersten Mal. Darauf zerstörten sie die Götzenbilder, rissen den Tempel ein und wurden allesamt Muslime. Sie folgten der Rechtsschule des Maghrebiners, der Rechtsschule Maliks, Gott sei mit ihm, und bis zum heutigen Tag ehren sie die Maghrebiner wegen dieses Mannes. Auf der Maqsura, dem Trenngitter der Moschee, las ich eine Gravur im Holz: »Der König Ahmad Schanuraza trat, angeregt von Abu l-Barakat al-Maghribi, zum Islam über.« Durch diesen Ifrit waren viele der Inseln verwüstet worden, bevor der Islam zu ihnen kam.

Lange Zeit wusste ich nichts von dieser Geschichte, bis ich die Leute eines Nachts Preisungen rufend zum Meer ziehen sah, wobei sie den Koran auf ihren Köpfen trugen. Ich fragte nach dem Grund dafür, woraufhin sie mir von dem Ifrit erzählten. Dann sagten sie: »Draußen auf dem Meer erblickst du ihn.« Ich sah also hinaus, und richtig, da schwamm er wie ein Schiff, das von Kerzen erleuchtet war. »Das ist der Ifrit. Wenn wir das machen, was du gesehen hast, dann macht er sich davon und tut uns nichts zuleide«, erklärten sie mir.

Als ich auf die Insel Mahal gelangte, herrschte dort eine Frau, weil der vorige König keine männlichen Nachkommen hatte. So setzten die Leute seine älteste Tochter Chadidscha als Herrscherin ein. Ihr Ehemann, der Chatib Dschamal ad-Din, war ihr Wesir.

Üblicherweise benutzen sie zum Schreiben kein Papier, außer für den Koran und Bücher. Briefe, Befehle und Verträge schreiben sie auf die Blätter der Kokospalme. Sie verwenden dazu gebogene eiserne Instrumente, die wie Messer aussehen.

Die Armee dieser Sultanin, die sich nur aus Fremden zusammensetzt, ist etwa tausend Mann stark. Die meisten Regelungen und Anordnungen werden vom Kadi erlassen, der bei ihnen wegen seiner Macht so etwas wie einen Sultan darstellt. Ihm gehören drei Inseln, deren Erträge er für sich nimmt. Das ist eine Sitte, die auf den Sultan Schanuraza, genannt Ahmad, zurückgeht und sich seitdem erhalten hat.

Als ich zu diesen Inseln kam, ankerte mein Schiff vor Kalnus, einer schönen Insel mit vielen Moscheen und einer Menge Gelehrter und frommer Männer, die mich zu sich baten und bewirteten. Als der Kapitän meines Schiffes seine Fahrt zur Insel der Sultanin, nach der die ganze Region benannt ist, fortsetzte, reiste ich mit ihm, weil ich die Insel sehen wollte. Unterwegs besuchten wir viele Inseln. Wir segelten jeweils am Morgen los und erreichten mittags eine Insel, wo wir aßen. Dann setzten wir unsere Fahrt bis zum Abend fort und ankerten bei einer anderen Insel, wo wir ein weiteres Mahl einnahmen. So ging es zehn Tage, bis wir zur Insel Dhibat al-Mahal gelangten. Dort blieb ich. Der Wesir der Sultanin, der auch ihr Ehemann war und Dschamal ad-Din hieß, hörte von mir und lud mich ein. Ich wurde bewirtet und sehr gut empfangen. Der Wesir bestimmte ein Haus, in dem ich wohnen konnte, und schickte mir auch Essen, Früchte, Kleider sowie eine gewisse Anzahl von Muscheln, die man in ihrem Lande anstelle von Goldstücken als Währung benutzt.

Vorzugsweise essen die Malediver Reis, den sie kochen und dann auf Platten und kleinen runden Tellern zusammen mit zerkleinertem Fleisch, Geflügel und Fisch anrichten. Sie trinken dazu Qurbani, den Honig der Kokosnuss, der der Verdauung hilft, den Appetit fördert und Kraft gibt. Der Wesir drängte mich, das Amt des Kadis zu übernehmen und bei ihnen zu bleiben. Er schenkte mir ein Haus und einen großen Garten, in dem etliche weitere Häuser standen. Überdies erhielt ich ein Bett, Geschirr, ein Ehrenkleid und ein Reitpferd, obwohl es bei ihnen üblich ist, dass nur der Wesir ein Pferd reiten darf. Die anderen Großen des Landes gehen zu Fuß oder bewegen sich in Sänften, wie ich es bereits geschildert habe. Der Wesir schickte mir auch Sklavinnen, die mir dienen sollten. Ich heiratete dort drei Frauen. Manchmal besuchte der Emir mich in meinem Haus und erwies mir Wohltaten, Gott vergelte es ihm.

Durch die Frauen, die ich geheiratet hatte, besaß ich viele und mächtige Verwandte auf den Inseln, sodass der Wesir Angst bekam, ich könnte über ihn die Oberhand erlangen. Ich selbst hatte dergleichen nicht im Sinn, aber seine Furcht kam durch die Schwäche, die diese Leute kennzeichnete. Wie ich schon berichtete, gab es keine Soldaten unter ihnen, und sie besaßen in der Kriegskunst keine Erfahrung. Der Wesir hasste mich im Verborgenen, spionierte mich aus und überwachte mich. Als ich davon erfuhr, fasste ich den Entschluss, dieses Land zu verlassen. Auch dies wollte er nicht, weil er fürchtete, ich würde mit Soldaten aus Maabar gegen ihn ziehen. Der Sultan dieses Landes, Ghiyath ad-Din, hatte nämlich die Schwester einer meiner Ehefrauen geheiratet, als ich mich noch in Delhi befand. Darauf war zwischen uns eine freundschaftliche Beziehung entstanden.

Ich ließ mich nun von allen meinen Frauen scheiden und behielt nur eine, mit der ich einen kleinen Sohn hatte. Dann reiste ich ab und begab mich zu einigen Inseln, die zur Insel Mahal gehören.

Schiffbruch vor den Malediven

François Pyrard

Am ersten Julitage 1602 fuhren wir bei gutem Wetter, nicht zu flau und auch nicht stürmisch, unter fünf Grad Nord vom Äquator. Bei Tagesanbruch sahen wir, dass die Croissant ihr großes Beiboot verloren, welches sie von St. Laurence im Schlepp geführt hatte, woselbst es als Pinasse diente. Ich erwähne dies im Besonderen, weil ohne denselben Verlust unsere Männer von der Croissant hätten gerettet werden können. Alsbald sichteten wir in einiger Entfernung mächtige Riffe, umgeben von kleinen Inseln, zwischen denen wir ein winziges Segel erspähten. Darauf fragte unser Maat, der allein sich äußerte (weil der Kapitän und der Leutnant beide erkrankt waren und unser englischer Lotse des Französischen nicht mächtig war), welche Inseln es seien, die wir dort sahen. Der General und sein Lotse antworteten, dass sie Diego de Roys genannt würden, doch in Wahrheit hatten wir die Roys-Inseln bereits vierundzwanzig Meilen westlich hinter uns gelassen.

Nun erhob sich unter den Männern der Croissant und uns ein großer Disput über diese Eilande und Riffe, denn unser Kapitän, Lotse, Maat und zweiter Maat hielten dafür, es seien die Malediven, und wir hätten uns sehr in Acht zu nehmen; doch der General und sein Lotse dachten anders darüber. Alsbald erblickten wir kleine Boote, welche dem Anscheine nach sich uns nähern und uns lotsen wollten – und in der Tat verhielt es sich also, wie ich später von den Eingeborenen erfuhr. Unser General aber wünschte nicht zu warten und schenkte ihnen keine Beachtung.

Bei Einbruch der Nacht folgten wir den Befehlen des Generals. Unser Kapitän, welcher sehr krank war, trug mir auf, den Maat und zweiten Maat zu ermahnen, doch ja auf der Hut zu sein, denn ungeachtet der Aussage des Lotsen auf der Croissant war er davon überzeugt, dass wir uns den gefahrvollen Gewässern der Malediven näherten. Der General hatte die Absicht, die Inseln nördlich zu umfahren, oberhalb der ersten von ihnen und südlich der Küste von Indien; im Gegenteil aber liefen wir zu unserem Verderben mitten in dieselben hinein.

Allenthalben bedrängte uns das Unglück. Der Maat und zweite Maat waren nach einer Zecherei betrunken. Das Licht, welches gewöhnlich an dem Ruderhause brannte, um den Kompass zu lesen, war erloschen, denn der Rudergänger, welchem zugleich die Aufsicht über die Lampe und das Stundenglas oblag, war eingeschlafen, desgleichen der Schiffsjunge zu seiner Bedienung. Es kam aber noch ärger, indem unser Schiff eine halbe oder gar eine Dreiviertelstunde zu zeitig nach Osten trieb.

Da wir nun allesamt schliefen, lief das Schiff zweimal auf, und als wir von der Erschütterung aus dem Schlafe fuhren, lief es unversehens ein drittes Mal auf und legte sich über. Meine Leser vermögen sich unschwer in den Zustand zu versetzen, in welchem sich alle an Bord befanden. Welch ein erbarmungswürdiges Schauspiel boten wir doch! Wer beschreibt den Jammer der Männer, welche sich zur Nachtzeit auf einem Felsen inmitten des Ozeans als Schiffbrüchige finden und dem sicheren Tode entgegensehen? Etliche weinten und schrien mit aller Macht, andere trösteten sich mit Gebeten, wieder andere nahmen einander die Beichte ab.

Unser Schiff lag nur halb über, und also kappten wir die Masten, womit wir zu verhindern hofften, dass es gänzlich zur Seite sänke. Darauf feuerten wir einen Kanonenschuss zur Warnung für die Croissant, auf dass sie zurückbleibe.

Nun bewahrte unser Schiff aber seine halbe Seitenlage, und da es auf ein Riff aufgelaufen war, vermochte es noch eine gute Weile zusammenzuhalten; denn wäre es Sand gewesen, hätte es sich unweigerlich ganz und gar übergelegt, und wir wären bis auf den letzten Mann ertrunken. Darin fanden wir einigen Trost und versuchten nun, unser Leben zu retten und an das Land zu gelangen, wenngleich in unserem augenblicklichen traurigen Zustande geringe Hoffnung darauf bestand, zumal wir sahen, in welch großer Entfernung sich dasselbe befand; und auch wenn es uns gleichwohl gelänge, liefen wir Gefahr, von den Eingeborenen an der Landung verhindert oder getötet zu werden.

In unserer verzweifelten Lage erblickten wir ein Boot, welches von der Insel her sich uns näherte, als wolle man uns auskundschaften; doch es kam nur auf eine halbe Meile heran. Als wir es sahen, warf sich der tüchtigste Schwimmer unter uns in das Wasser und strebte ihm entgegen. Mit allerlei Gebärden und Geschrei flehte er zu den Bootsleuten, sie möchten uns zu Hilfe eilen; trotz seiner Mühe aber rührten sie sich nicht, also dass er gezwungen war, unter Gefahr für Leib und Leben umzukehren. Seinerzeit vermochten wir die Ursache für dergleichen Unmenschlichkeit und Barbarei nicht zu begreifen, doch fand ich in der Folge heraus, dass es den Leuten allzumal auf das Strengste untersagt war, einem gekenterten Schiffe zu nahen oder es zu betreten, wenn anders der König hierzu nicht Befehl erteilt oder der nächste Statthalter desselben es erlaubt habe; und Letzterer hatte unverzüglich dem König Bericht zu erstatten.

Am anderen Tage, dem 3. Juli 1602, brachten wir unsere

Galeone unter großen Mühen und Gefahren über das Riff, während wir selbst allesamt schwammen. Nach diesem stiegen wir an Bord, versahen uns mit Schwertern, Arkebusen und kleinen Spießen und hielten auf die Insel zu. Die schwer beladene Galeone war leckgeschlagen und nahm viel Wasser, und unter der Gewalt des Windes und der Wogen drohte sie mehrmals zu kentern. Endlich, nach mancherlei Mühsal, gewannen wir das Land einer kleinen Insel mit Namen Fulhadhoo.

Kaum aber hatten wir die Küste erreicht, als die auf uns wartenden Eingeborenen Anstalten machten, uns am Betreten des Landes zu hindern, wo nicht sie uns zuvor entwaffnet hätten. Also ergaben wir uns wohlweislich den Insulanern, worauf sie uns die Landung gestatteten. Dann holten sie die Galeone ein und entfernten aus derselben Ruder, Masten und andere notwendige Ausrüstung, welche Dinge sie allesamt auf die benachbarten Inseln verbrachten. Dorthin führten sie auch alle Boote von ihrer eigenen Insel und ließen kein einziges zurück. Ich aber gewann nach solchem ersten Augenschein die Überzeugung, es handele sich um eine beherzte, schlagfertige Rasse. Ihr Eiland ist nämlich nur klein (von weniger als einer Meile Umfang), und es leben darauf nicht mehr als zwanzig oder fünfundzwanzig Bewohner; demnach mussten sie die Ankunft einer ihre eigene übersteigenden Anzahl, zumal bewaffneter Personen fürchten: dass wir uns nicht zu Herren ihrer Insel machten und mit der Hilfe ihrer Boote entkämen, welches uns leicht hätte gelingen können, hätten wir um ihre Schwäche gewusst. Doch wie ich sagte, taten sie das Richtige. Nachdem wir von Bord gegangen waren, geleiteten sie uns allesamt in ein Bauwerk inmitten der Insel, woselbst sie uns einige Früchte reichten: Kokosnüsse und Limonen.

An jenen Ort begab sich auch der Inselfürst, Ibrahim und Fulhadhoo-Kilage genannt, welcher hochbetagt erschien.

Demselben standen einige Wörter Portugiesisch zu Gebote, mit deren Hilfe er uns mancherlei fragte; worauf seine Leute uns durchsuchten und uns alles nahmen, was wir bei uns trugen, indem sie uns sagten, nach einem Schiffbruche gehöre all jenes dem König. Dieser Ibrahim war ein großer Herr, und wie ich danach erfuhr, war er nahe verwandt mit dem christlichen König der Malediven, welcher sich in Goa befindet. Da er sah, dass wir einen Ballen purpurnen Stoff hatten, fragte er uns, was es sei. Wir erwiderten, wir hätten es als Geschenk für den König mit uns geführt; obgleich alles auf dem Schiffe diesem zu eigen gehöre, so solle dieser Ballen gleichwohl gänzlich, auch von Meerwasser unverdorben, ihm höchstselbst dargebracht werden. Wie sie nun hörten, dass es für den König sei, wagte deren keiner mehr, es zu nehmen oder zu berühren, ja, es auch nur anzublicken.

Wir waren gleichwohl gewillt, ein Maß davon abzuschneiden, ungefähr zwei oder drei Ellen, als Geschenk für den Herrn der Insel, in der Hoffnung, bessere Behandlung zu erfahren. Er nahm es entgegen, dankte uns überschwänglich, hieß uns aber versprechen, niemandem etwas davon zu sagen, wo nicht er lieber stürbe, als es anzunehmen. Da er bald darauf hörte, dass einige Amtspersonen des Königs kämen, änderte er seinen Sinn und brachte es zurück, indem er uns bat, nicht zu verraten, dass er es auch nur berührt hätte. Dessen ungeachtet, erfuhr der König am Ende davon und war zornig über ihn und hätte ihn zu sich befohlen, wäre er nicht auf seinem letzten Siechenbette gelegen, worauf er denn auch im Alter von fünfundsiebzig Jahren verschied.

Wie hatten kaum einen Tag in jenem Hause verbracht, als sie unseren Maat und zwei Matrosen zum König brachten, vierzig Meilen von dort entfernt auf einem Eilande mit dem Namen Male, welches die Hauptinsel ist (dieweil alle anderen ihr unterstehen); dortselbst residiert der König. Unser Maat überreichte den Ballen purpurnen Stoffes dem König und fand günstige Aufnahme, ja, man brachte ihn im Palaste unter. Es geschah aber nicht vornehmlich um der Güte oder Ehrerbietung willen, sondern vielmehr, um sich seiner Person zu vergewissern; denn nachmals wurde mir das allgemein herrschende Misstrauen bekannt. Alsbald entsandte der König seinen Schwager mitsamt Kriegern in großer Zahl in Barken, auf dass sie unser Wrack aufsuchten und nach Kräften alles aus demselben an sich nähmen.

Da er auf das Eiland Fulhadhoo kam, wo wir waren, wurde uns bei Gelegenheit seiner Ankunft eine bessere Behandlung zuteil, und oft nahm man uns mit auf das Schiff, damit wir bei dem Entladen der Handelsware, des Gepäcks und aller Kleidung halfen. Über etliche Tage verschafften sie sich dergestalt unsere Waren und brachten sie fort zum König, doch zuvor hatte des Königs Schwager kraft seines Auftrages uns voneinander getrennt und etliche von uns auf die umgebenden Inseln verteilt (die größere Anzahl verblieb indes auf Fulhadhoo). Nach seiner Rückkehr nahm er auch unseren Kapitän, so leidend dieser war, und fünf oder sechs andere mit sich fort. Der Kapitän ward dem König vorgestellt und von demselben gütig empfangen. Er sagte ihm zu, er werde ihn nach Aceh auf der Insel Sumatra bringen lassen, wohin unser General sich begeben hatte; und ich zweifle nicht daran, dass er sein Wort gehalten hätte, doch sechs oder sieben Wochen darauf (in der Mitte des August 1602) verschied unser Kapitän in Male in der königlichen Residenz.

Auf allen ihren Fahrten zu dem Schiffe nahmen sie gleichermaßen etliche von uns mit dorthin. Für meine Person beschloss des Königs Schwager, derweil er uns trennte, mich von denen auf Fulhadho zu entfernen und mit zwei anderen auf ein kleines Eiland mit Namen Fehendhoo zu bringen (von Fulhadhoo eine bloße Meile entfernt), woselbst nicht mehr

Menschen lebten als dort. Hier wurden meine beiden Genossen und ich vom ersten Tage an freundlich empfangen und erfreuten uns dank des Fürsten, der uns hergeführt hatte, reichlicher Nahrung.

Ich habe nach bestem Vermögen auf das Genaueste berichtet von den Umständen unseres Schiffbruches und Ungemachs, wie wir das Land gewannen und welchen Gefahren des Meeres wir entkommen waren; doch die Schrecken, von welchen ich nunmehr erzählen muss, waren keineswegs geringer. Währt ein Unglück zu lange, so fügt es der Gesundheit Schaden zu, und jene, welche aus Wogen und Fluten errettet worden, fanden auf dem Lande keine Linderung ihrer Leiden. Wir waren unser ungefähr vierzig.

Hört nun, was folgte. Erstlich, als wir uns noch an Bord unserer Galeone befanden, beschlossen wir, alles Silber, welches wir geladen hatten, dazu den Großteil unserer kostbarsten Waren an das Land zu schaffen, auf dass man uns als brave Kaufleute erkenne und nicht für Piraten und Raubgesindel ansehe, und wir demnach auch freundlicher empfangen würden; diesen Rat aber erteilte uns unser Kapitän. Wir vermochten gleichwohl nichts von alledem zu bergen, denn es befand sich am tiefsten Grunde des Schiffes, woselbst das Wasser so tief stand, dass wir uns nur mit Müh und Not an den Seiten halten konnten. Also blieb es mit den übrigen Waren im Schiffe zurück, und an seiner statt begnügten wir uns mit dem Silber, welches Eigentum der Besatzung war, einem Betrage von fünfhundert Kronen, sowie mit jenem, welches Einzelne in ihren Seekisten mit sich führten, abermals fünfhundert Kronen. All dies wurde heimlich in den breiten Hosenbünden verborgen. Die meisten von uns erhielten solche Leibbinden, andere aber nicht, denn es gab nicht genügend für alle. Und dieses Silber war nicht zu Geschenken für den König bestimmt, wie es das wohl gewesen wäre, hätten wir sämtliche Vorräte von Bord bringen können, sondern für die Lebensnotwendigkeiten unserer Leute.

Ich nebst zwei anderen wurde, wie bereits gesagt, von des Königs Schwager auf die Insel Fehendhoo gebracht. Wir hatten keine Silbergürtel genommen und besaßen nichts auf der Welt. Zuerst zog dieser Umstand mancherlei Unbill nach sich, später aber ergab es sich, dass wir besser fuhren ohne Eigentum. Jenen, welche Geld besaßen, gelang es eine kleine Weile, sich üppiger zu versorgen, doch nicht lange danach hatten sie den größten Mangel zu leiden.

Am Anfang gaben uns die Eingeborenen von Fehendhoo je und je ein wenig Nahrung. Wie sie aber sahen, dass unsere Genossen auf den anderen Inseln dermaßen Geld besaßen und dasselbe in so reichlichen Mengen ausgaben, da beschlossen sie, nicht mehr für unseren Unterhalt aufzukommen; ihre Sorge war nämlich, unsere Ankunft brächte ihrem Eilande keinen Gewinn wie ihren Nachbarn.

Um uns auf die Probe zu stellen, ob nicht der äußerste Hunger uns zwänge, ihnen von dem zu geben, was wir, wie sie glaubten, versteckt hätten, machten sie sich davon und fuhren in ihren Barken nach der Insel Fulhadhoo, woselbst sie ihr Geflügel, Fisch, Früchte und andere Nahrung unseren Genossen feilboten. Sie taten solches aber heimlich, denn es ist ihnen streng untersagt, den aus einem Schiffbruche geretteten Fremden irgendetwas zu verkaufen und Geld oder Ware von diesen zu empfangen, weil alles dem König gehört, sobald ein Schiff gestrandet ist (sie mögen den Schiffbrüchigen allenfalls Nahrung spenden und denselben so menschlich begegnen, als sie für gut erachten); und in der Tat geschah es nachmals, dass all jene Eingeborenen, welche etwas von den Unsrigen genommen hatten, einem peinlichen Verhöre unterzogen wurden.

Die Verschwörung der Insulaner, uns nichts mehr zu geben, hatte zur Folge, dass meine beiden Genossen und ich den grausamsten Mangel litten, der sich nur denken lässt. Uns blieb nichts anderes zu tun übrig, als die Meeresschnecken vom Sande aufzulesen und dieselben zu essen; und hin und wieder fanden wir einen von den Wogen auf den Strand geworfenen Fisch, den kochten wir mit allerlei uns unbekannten Kräutern und salzten unser Mahl mit ein wenig Meerwasser; und wollte es der Zufall, dass wir etwa eine Limone fanden, so gaben wir diese hinzu. Mitunter aber verstrichen Tage, ohne dass wir etwas dergleichen zu uns nahmen.

In solcher bittersten Not lebten wir eine gute Weile, bis die Eingeborenen erkannten, dass wir wahrhaftig kein Geld besaßen, und, wie man glauben darf, einiges Erbarmen in sich spürten, indem sie sich weniger scheu und barbarisch aufzuführen begannen; denn zuvor hatten die meisten von ihnen sich vor uns verborgen, zumal alle Frauen und Kinder, uns gleich Gespenstern geflohen und uns den Eingang in ihre Dörfer oder Häuser verwehrt; ja, sie gebrauchten uns, um ihre jungen Kinder zu erschrecken. Wie wir nun gewahr wurden, dass sie sich Tag um Tag weniger fern von uns hielten, so sprachen wir sie an und trugen ihnen unsere Dienste an, welche Art der Arbeit sie uns auch zuteilen mochten, und diese Dienste nahmen sie an.

Oftmals begleitete ich die Insulaner als ihr Gehilfe in ihren Booten auf das Meer oder nach den benachbarten Eilanden, um Kokosnüsse zu ernten oder zu fischen, wofür sie mich mit einem Anteil an den Fischen und Kokosnüssen entlohnten; für andere Arbeiten erhielt ich auch Hirse oder Honig. Meine beiden Genossen suchten nach Kräften auf die gleiche Weise etwas zu gewinnen; man nahm aber mich allein auf die Fischzüge mit hinaus – ich weiß nicht, aus welchem Grunde; und dann taten wir all unsere Löhnung in einen gemeinsamen Vorrat und lebten von demselben. Wir waren dermaßen tief gesunken, dass wir um Fisch und Kokosnüsse die abscheulichsten und mühseligsten Handarbeiten und Dienste verrichteten – mit einem Worte: Arbeiten, welche kein Sklave leisten wollte oder konnte. All dieses geschah aber ohne Gewalt und Zwang, vielmehr gingen wir selbst zu ihnen und flehten, dass sie uns Aufgaben zuwiesen, weil sie uns nichts gaben, wir arbeiteten denn dafür; und auch dann so spärlich, dass es nur notdürftig zum Leben ausreichte.

Die Kunst des Segelns

Für die Malediven fand ich zahlreiche Seekarten vor, welche allerlei Untiefen und Riffe sehr genau verzeichneten. Das einheimische Volk wusste diese wunderbar geschickt zu meiden und passierte ohne Schaden die gefährlichsten Stellen. Oftmals sah ich sie inmitten von Riffen, Felsen und zwischen Sandbänken navigieren, obgleich die Fahrrinnen nur gerade eben Platz für das Fahrzeug boten; ja, manche Kanäle waren so schmal, dass zu beiden Seiten die Spanten der Schiffe gegen die Felsen schrammten. Dessen ungeachtet, steuerten die Eingeborenen, alle Segel gesetzt, zuversichtlich durch die Gefahren, während ich, der sich ihrer Führung anvertraute, unter tausend Ängsten litt. Das ist mir häufig widerfahren.

Nie aber fürchtete ich mich so sehr wie an jenem Tage, als ich mit einigen dieser Leute in einem kleinen Boot von weniger als vier Armlängen saß und haushohe Wellen in so stürmischer und aufgewühlter See über uns hereinbrachen, wie ich sie nie zuvor erlebt. Jeden Augenblick drohte eine Woge mich von dem Boote zu reißen, in welchem ich mich mit Mühe festklammerte, während sie es für nichts erachteten und nur lachten; denn sie haben nicht die geringste Furcht vor dem Meere und führen ihre Barken und Schiffe überaus gewandt. Seit jungen Jahren sind sie – die hohen Herren wie die Ärmsten des Volkes – mit der Seefahrt vertraut, und diese Kunst nicht zu beherrschen gilt ihnen als Schande.

Es wäre unmöglich, die Zahl der Barken und Schiffe all dieser Inseln anzugeben, denn selbst der Ärmste besitzt ein eigenes Boot, ein reicher Mann aber deren viele. Niemals fahren sie bei der Nacht hinaus, weshalb sie alle Abende danach trachten, Land zu gewinnen. Ihren Kurs halten sie ohne Kompass allein auf Sicht und Augenmerk, außer wenn sie ihre heimischen Gewässer für eine lange Überseefahrt verlassen. Aus demselben Grunde nehmen sie kaum Proviant an Bord, vielmehr kaufen sie Tag für Tag auf den Inseln das Nötige ein.

Fürderhin sind zahlreiche Inseln der Atolle von Sandbänken umgeben, welche sich nur für eine oder zwei sehr enge, nicht leicht auszumachende Zufahrten öffnen. Darum müssen die Leute sehr sorgsam mit ihren Barken manövrieren, denn unterläuft ihnen nur der geringste Fehler, so kentern jene unweigerlich, und ihre Handelsware ist dem Untergang geweiht. Was nun die Menschen angeht, so können sie dermaßen behände schwimmen, dass sie sich in diesen Gewässern stets zu retten vermögen; sie gleichen wahrlich halben Fischen, derart vertraut sind sie mit dem Meere, in welchem sie ihre Tage schwimmend, watend oder auf ihren Booten zubringen. Ich sah sie gar oftmals zwischen den Riffen, wo die See ruhig ist – ich sah sie, wie ich sagte, dort nach Fischen schwimmen, welche sie plötzlich beim Baden erspäht hatten, und diese auf ihrem Wege einfangen. Das ist durchaus nichts Ungewöhnliches.

Dennoch gehen sie gar oft, trotz all ihres Geschicks, ihrer Barken verlustig. Am ärgsten werden sie von den Strömungen »Oyivaru« geplagt, welche durch die Wasserstraßen zwischen den Atollen bald nach Osten, bald nach Westen ziehen, in anderen Teilen des Meeres sechs Monate in eine, sechs weitere in die andere Richtung; jedoch durchaus nicht verlässlich jeweils sechs Monate, sondern einmal länger, ein andermal wieder kürzer. Daher werden die Leute getäuscht, und die meisten Verluste ihrer Fahrzeuge sind dieser Ursache geschuldet.

Die Winde verfolgen zumeist wie die Strömungen eine Ost-West-Richtung, doch während diese bis zum Beginn einer neuen Jahreszeit ihre gewohnte Richtung beibehalten, schlagen jene sehr viel häufiger um und drehen unversehens nach Norden oder Süden. Solche veränderlichen Winde werden der Schifffahrt zum Verhängnis. In diesem Zusammenhange verdient eine weitere Eigenart der Erwähnung, nämlich die Lage der Atolle: Sie befinden sich allesamt in einer Reihe, voneinander getrennt durch die erwähnten Wasserstraßen; ihre Öffnungen oder Einfahrten liegen einander gegenüber, zwei an der einen, zwei an der anderen Seite, sodass man von Atoll zu Atoll fahren und jederzeit Fühlungnahme zum Lande behalten kann. Hierin dürfen wir das Walten der göttlichen Vorsehung erkennen, welche nichts unvollkommen lässt. Wohl geschieht es trotz des Vorhandenseins dieser nützlichen und notwendigen Zufahrten nicht selten, dass Barken und Schiffe kentern, weil sie durch Strömungen von ihrem Kurse abkommen, namentlich, wenn sie in eine Windstille oder in Gegenwind geraten sind – gäbe es aber dort, wo ich sie beschrieb, jene Öffnungen nicht, wäre das Los der Schiffer noch um vieles beklagenswerter, und sie könnten auch nicht von einem Atoll zum anderen fahren.

Was nun jene Wasserstraßen angeht, »Kandu« genannt, welche die Atolle voneinander trennen, so können vier derselben von großen, seetüchtigen Schiffen befahren werden. Viele fremde Schiffe aller Arten durchfahren sie, wenngleich nicht ohne Gefahr, denn alljährlich sinken etliche von ihnen. Sie wählen diese Passagen beileibe nicht freiwillig, sondern meiden sie nach Kräften; doch dieweil die Inseln inmitten des Ozeans liegen und sich über ein weites Gebiet erstrecken, vermag der Seemann ihnen schwerlich auszuweichen. Auch diese Fahrzeuge werden vor allem bei Flaute oder widrigen Winden, wenn die Segel nutzlos sind, durch die Strömungen vom Kurse abgebracht und an die Inseln herangetragen.

Alle anderen Kanäle zwischen den Atollen sind sehr schmal und zudem reich an Untiefen. Nur kleinen Booten gelingt es, sie zu passieren, und selbst für diese ist eine genaue Ortskenntnis vonnöten, um Gefahren auszuweichen.

Wie bestürzt war ich, als ich mit den Insulanern durch die Wasserstraße zwischen Male und Felidu segelte (der Felidu-Kandu ist etwa sieben Meilen breit) und bemerkte, dass die See so dunkel war wie unser Anker; gleichwohl glich sie, wenn man einen Topf eintauchte, jedem anderen Wasser, doch ich sah es beständig in düsteren Wirbeln brodeln wie über einem Feuer. Hier strömte es nicht wie sonst, und das war ein erschreckender Anblick: Ich schien mich inmitten eines Strudels zu befinden, da ich weder in einer noch in der anderen Richtung eine Strömung erkannte. Auch vermag ich keine Ursache dafür zu nennen; doch weiß ich wohl, dass die Eingeborenen sich davor fürchten, denn sie begegnen dort oftmals Gewittern.

Von Frauen und Männern

Es wird vermutet, dass die Malediven einstmals von den »Singala« bevölkert worden waren, das heißt von Singhalesen (denn so nennen sie die Einwohner von Ceylon), doch ich fand, dass die Malediver in nichts den dunklen und verwachsenen Singhalesen ähneln; jene sind wohlgestaltet und unterscheiden sich nur wenig von uns, sieht man von ihrer olivfarbenen Haut ab. Freilich darf man annehmen, dass das

Klima und die seither vergangene Zeit ein angenehmeres Aussehen herbeiführten als dasjenige der ersten Ansiedler. Hinzu kommt, dass eine große Zahl Fremder aus allen Himmelsrichtungen eintreffen und heimisch werden; auch nicht wenige Inder erleiden hier von Zeit zu Zeit Schiffbruch wie wir und bleiben auf den Inseln.

Das erklärt wohl, weshalb die Leute in Male und den benachbarten nördlichen Regionen gewandter, vornehmer und kultivierter sind, wogegen die Bewohner des Südens eine gröbere Sprache sprechen und ungeschliffenere Sitten haben; auch sind sie weniger stattlich von Wuchs, und dunkler; und man erblickt namentlich unter dem ärmeren Volke viele Weiber, welche ohne Scheu nackend einhergehen mit nichts am Leibe als einem kleinen Tuch, womit sie ihre Scham bedecken.

So erklärt sich auch die Tatsache, dass der Norden öfter von Fremden besucht wird, welche dort gewöhnlich in den Stand der Ehe treten; daselbst landen auch alle Schiffe, um den Wohlstand des Landes zu fördern und es der Zivilisation zuzuführen; und also geschieht es, dass Persönlichkeiten von Rang und Besitz sich williger dorthin begeben als in den Süden, in welchen der König jene entsendet, die er mit Verbannung zu bestrafen wünscht. Gewiss sind die Südländer nicht weniger kenntnisreich und begabt als die Übrigen, ja, in manchen Dingen diesen sogar überlegen; doch die Edelleute finden sich allzumal im Norden, und auch die Krieger hebt man dort aus.

Kurz: Die Insulaner sind überaus geschickt und neigen sehr dazu, allerlei Gegenstände herzustellen, worin sie große Meister sind, und sogar zu der schönen Literatur und den Wissenschaften nach ihrem Verständnis, vornehmlich aber zu der Astrologie, aus welcher sie ein großes Geschäft zu machen wissen. Es ist ein weises und umsichtiges Volk, gewitzt in seinem Handel und gesellschaftlichen Verkehre. Und dennoch leben diese tapferen, kühnen, ihre Waffen trefflich führenden Männer unter einer absoluten Herrschaft der Gesetze und der Gesetzeshüter.

Der Reiz der hübschen Weiber wird durch ihre olivfarbene Haut nicht geschmälert; auch findet man einige von ebenso heller Farbe wie in Europa; ihr Haar aber ist stets schwarz, denn das sehen sie für Schönheit an. Viele führen dies herbei, indem sie die Köpfe der Mädchen bis ins achte oder neunte Jahr kahl scheren und nur über deren Stirn einige Haare wachsen lassen, damit sie sich von den Knaben unterschieden, welche außer den Augenbrauen gar keine haben; von Geburt an werden die Kinder alle Woche geschoren, und dieses macht ihr Haar tiefschwarz, selbst wenn es sonst anders gewachsen wäre; denn ich sah nicht dermaßen behandelte, nahezu blonde Kinder. So haben denn die meisten Menschen schwarzes Haupthaar, und bei Männern wie Weibern gleichermaßen wird das schwärzeste am meisten bewundert.

Unter den Weibern gilt es als besondere Schönheit, wenn sie sehr lange, dichte schwarze Haare haben; sie frisieren und baden diese häufig, säubern sie mit klarem Wasser und spülen sie mit besonderen Tinkturen; und nachdem sie Haupt und Haar gebadet und gereinigt haben, lassen sie es offen im Winde treiben (freilich nur im Innern ihres eigenen Haushofes), bis es gänzlich trocknet; danach gebrauchen sie so reichlich von einem sehr streng riechenden Öle, dass ihr Schopf allezeit feucht und ölig bleibt. Denn niemals würden Weiber wie Männer ihren Leib benetzen, ehe sie ihn gesalbt hätten. Dieses lassen sie ihren Haaren zwei oder drei Mal in einer Woche zukommen, ihren Leibern aber mitunter häufiger als einmal am Tage. Es besteht keine Pflicht, das Haar zu waschen, es sei denn sie hätten Gäste, vorzüglich aber am Freitag, welcher ihr Sabbat ist, und an den hohen Feiertagen; den Männern obliegt dieses an den Freitagen, den Weibern nur zu den Festen, und außer zu diesen Zeiten mögen sie es tun, sooft es ihnen beliebt und notwendig ist. Zudem parfümieren selbst die ärmsten Weiber ihr Haupthaar. Endlich nach dem Waschen, Salben und Parfümieren gehen sie daran, sich zu frisieren, und dieses geschieht also: Alle Haare ziehen sie so stramm, wie sie können, nach dem Hinterhaupte, damit nicht ein Haar hie und dort hervorsteht; dann binden sie die Haare hinten zusammen und bilden einen großen, festen Knoten. Um diesen zu vergrößern, verwenden sie ein Haarteil aus Männerhaar, so lang wie ihr eigenes und geformt wie ein Rossschweif; zu seiner Befestigung schlingen sie das Haarteil um das breite Ende von einer Art Fingerhut, um welchen auch alle übrigen Haare gebunden werden; derselbe ist, je nach ihren Mitteln, von Gold oder Silber und mit Perlen oder Edelsteinen besetzt. Etliche tragen zwei dieser falschen Strähnen zu einem noch stattlicheren Knoten, und hin und wieder, wenn auch keineswegs zu jeder Zeit, stecken sie in denselben die duftenden und stets in Fülle vorhandenen Blüten des Landes. Diese Frisur wird mit großer Kunstfertigkeit gelegt, sodass nicht ein einziges Haar fürwitzig aus den anderen sich löst.

Unter den Männern ist es einzig den Kriegern, den königlichen Amtswürdenträgern und den Edelleuten gestattet, ihr Haar lang zu tragen, ebenso lang wie die Weiber, wie es jene auch zumeist tun. Auch sie wenden die gleiche Mühe auf mit Waschen, Spülen, Salben und Parfümieren mittels Blüten; und besteht kein anderer Unterschied, als dass die Männer ihren Knoten seitlich oder zuoberst am Haupte binden, nicht hinten, wie ihn die Weiber tragen; auch benutzen sie niemals ein Haarteil. Wie dem nun sei, sie sind keineswegs verpflichtet, ihr Haar auf diese Weise zu tragen, sondern kurz oder lang nach ihrem Belieben, und Schnurrbärte sind ebenso verbreitet wie unter uns Franzosen.

Ich sah dort die Fürsten und die meisten Notabeln und Krieger mit kurzem Haar, und wenn jene, welche daran gewöhnt waren, es lang zu tragen, dessen müde wurden, oder wenn es nicht mehr wuchs, schnitten sie es ab und verkauften oder verschenkten es an die Weiber; denn für die falschen Haarteile gebraucht man allein Männerhaar. Den Weibern werden niemals, ob lebendig oder tot, die Haare geschnitten.

Die meisten falschen Haarsträhnen kommen jedoch vom Festlande, aus Cochin, Calicut und von der Malabarküste, woselbst alle Männer ihr Haar lang wachsen lassen, um es dann abzuschneiden und den Weibern ihres eigenen Landes oder Fremden zu verkaufen. Ihr Haar wächst sehr viel schneller als das unsrige, aus dem Grunde, wie ich vermute, weil sie es so häufig waschen und salben; auch mag es wohl an der übermäßigen Hitze liegen, welche einen dichteren und kräftigeren Haarwuchs befördert; niemals aber gelockt wie unter uns Franzosen.

Die Männer sind am Leibe außerordentlich stark behaart: Man vermag sich schwerlich eine dichtere Bedeckung vorzustellen. Sie legen ihren Stolz darein als in etwas, worin die Manneskraft sich erweise. Dieses gilt jedoch nicht für alle; und wenn ein Mann nicht dermaßen behaart ist, sagen sie, er gleiche eher einem Weibe, und verachten ihn demgemäß. Die Weiber sind nicht also, sondern haben nur an den üblichen Stellen Haare.

Auf gleiche Weise wie wir Franzosen rasiert man sich hier; der König und die hohen Herren aber haben Männer, die dieses mit Stolz an ihnen tun, durchaus nicht um des schnöden Gewinns willen, sondern aus Zuneigung, denn es sind Standespersonen; wiewohl der König ihnen am Ende des Jahres mancherlei Geschenke zukommen lässt. So gibt es denn auf allen diesen Eilanden nicht einen Menschen, ob Mann oder Weib, reich oder arm, edel oder gemein, der nicht seit seinem fünfzehnten Jahre seine eigenen persönlichen Utensilien für die Pflege der Haupthaare besäße, welche sie achtsam beiseitestreichen, wenn sie sich auch nur um ein Geringes lösen.

Wie ich erwähnte, werden die Mädchen von früher Jugend an jede Woche geschoren, und nur zur Unterscheidung von den Knaben lässt man einige Fransen wachsen. Bis zum Alter von acht oder neun gehen sie unbekleidet, mit Ausnahme eines Tuches, welches von der Leibesmitte bis an die Knie reicht, und dieses tragen sie, seit sie gehen gelernt haben; die Knaben dagegen tragen den Schurz erst von ihrem siebenten Jahre und ihrer Beschneidung an. Was die Töchter angeht, sagen die Leute, es sei nicht vonnöten, sie vor dem genannten Lebensalter Kleider tragen zu lassen, denn erst von da ab würden ihre Brüste zu schwellen beginnen und sich aufrichten, und es gezieme sich, dass sie dieselben bedeckten als Körperteile, welche zu entblößen sie sich ebenso schämen wie unsereiner andere Stellen. Danach lassen sie dann auch ihr Haar lang wachsen und schneiden es nicht mehr. Nun werden sie gekleidet und geschmückt, als wären sie bereits für den Ehestand wählbar. Bis dahin aber gelten sie als Kinder, und niemand, weder Mann noch Knabe, darf zu ihnen von der Liebe sprechen, insofern, als man sie bis zu jenem Zeitpunkte weder als Mädchen ansieht noch als solche herausputzt.

Reise zu vergessenen Kulturen – Von Ruinen, Sonnenscheiben und Lotosblüten im Dschungel

Thor Heyerdahl

Der Besitzer des Hauses, das wir gemietet hatten, ein hochgewachsener, stämmiger Inselbewohner, servierte uns ein Frühstück aus frischem, ungesäuertem arabischem Brot, Bananen, Tee und Kokosmilch, das aus einem anderen Haus des Dorfes gebracht wurde, und dann machten wir uns auf, um das erste imposante frühgeschichtliche Bauwerk zu besichtigen, auf das wir auf den Malediven stießen.

Das Geheimnis dieser Insel schien sich auf einen gewaltigen, von Menschenhand aufgeschütteten Hügel zu konzentrieren.

Bell hatte von einem Hügel auf Fua Mulaku erstmals von einem Bewohner dieser Insel gehört, als er nach dem Schiffbruch 1879 Male besucht hatte. Seine Aufzeichnungen über den Abstecher nach Fua Mulaku belegen, dass es auf dieser Insel den Einheimischen zufolge vom Dschungel überwucherte Ruinen gab, »die den glockenförmigen Dagoben ähneln, wie sie sich auf Ceylon von den Plattformen erheben, und mitten unter ihnen eine steinerne Skulptur des Buddha in der Sthana-mudra (aufrechten Haltung)«.

Als Bell schließlich 1922 wieder auf die Malediven kam

und Fua Mulaku besuchte, gestattete ihm sein kurzer, morgendlicher Abstecher lediglich, die Maße der Überreste des alten Bauwerks aufzunehmen. Es hatte noch etwa eine Höhe von siebeneinhalb Metern und war von Bäumen und Kokospalmen bedeckt. Ein Teil der Mauern war abgetragen und ausgeschlachtet worden, doch es war noch genug von der ursprünglichen Steinmetzarbeit aus harten, zugeschnittenen Korallenblöcken übrig geblieben, was den Schluss nahelegte, dass es sich definitiv um die Überreste einer ehemaligen buddhistischen Dagoba oder Stupa gehandelt habe.

Wir selbst machten uns sechzig Jahre später mit großen Erwartungen daran, die Überreste der Hawitta, wie die Inselbewohner sie nannten, zu erforschen. Die flache Insel misst von Norden nach Süden ungefähr sechseinhalb Kilometer und ist gut drei Kilometer breit. Mit geliehenen Fahrrädern fuhren wir am Morgen durch die breiten Dorfstraßen und über einen schmalen Fußweg in den dichten, immergrünen Wald. Am Nordostende der Insel führte der Pfad rechts am Fuß eines steilen, steinigen Hügels vorbei, der sich über uns erhob und mit dichtem Buschwerk und palmenähnlichen Schraubenbäumen bewachsen war. Wir sprangen von den Rädern und versteckten sie im Schatten der Sträucher. Auf allen vieren krabbelten wir den Hügel hinauf.

Der große Hügel war geplündert worden.

Von der Spitze sahen wir nur eine grüne Wildnis, keine Häuser. Das Gebiet um die Hawitta war leer und unbebaut geblieben. Auf der dem Meer zugewandten Seite lag eine steinige Ebene mit ein paar Kokospalmen, auf der Dorfseite wucherte dichter Dschungel, jenseits der Küstenlinie erstreckte sich bis zum Horizont das blaue Wasser des breiten Äquatorkanals.

Wir krochen durch das dichte Unterholz rund um den Hügel, wobei wir immer einige aufmerksame Inselbewohner hinter uns hatten, die uns keine Sekunde aus den Augen ließen.

Wir entdeckten für spezielle Zwecke bearbeitete und mit Profilen versehene, geschmackvoll geformte Blöcke, die als Sockel, Säulenplatten, Unterbau für Mauern, Säulen und andere architektonische Elemente gedient hatten, die wir nach unserem Gefühl eher im alten Griechenland erwartet hätten als auf dieser einfachen Insel. Ein Stückchen weiter den Pfad entlang liefen wir direkt in eine weitere Unregelmäßigkeit des Bodens, einen niedrigen, aber breiten Hügel, auf dem, wie sich herausstellte, ebenfalls Säulenplatten, Sturzsegmente und andere mit Profilen versehene Steine umherlagen. Das waren die traurigen Überreste von Kudu Hawitta, »Klein Hawitta«, wie jemand aus unserem ständig größer werdenden Begleittross einräumte. Diese Hawitta sei viel größer gewesen, aber die Leute hätten alle Steine fortgetragen, ergänzte ein Inselbewohner.

Hoffnungsvoll fragten wir, ob es auf der Insel noch andere Hawittas gebe. Nein. Alle waren sich einig, es gab nur diese beiden.

In dem Augenblick hörten wir Mohamed Waheed rufen, den normalerweise stillen Beamten der Inselverwaltung. Er stand auf einer Erhöhung, die unter einem dichten Blätterwald verborgen lag, und rief, dass dort auch noch eine Hawitta sei. Keine Frage, dass sich unter dieser Wildnis noch weitere Ruinen verbargen, vielleicht bis auf den Grund geschliffen. Im dichtesten Teil stolperten wir in eine tiefe Mulde. Erst später entdeckten wir, dass es die Reste eines vornehmen Bades waren, möglicherweise von der Art, die die Königin auf Hitadu benutzt hatte. Wir stießen auf verschiedene Zeichen einer früheren Besiedlung, darunter einige sehr alte Topfscherben.

Dank unseres immer gegenwärtigen Dolmetschers Abdul hatte ich mich mit einem liebenswerten älteren Mann namens Ibrahim Said angefreundet, der mir folgte und sorgsam meine Eindrücke registrierte, wenn ich die Überreste der hervorragenden Steinmetzarbeiten bewunderte. Die große Hawitta sei früher sehr schön gewesen, erklärte er unvermittelt von sich aus. Er hatte sie noch gesehen, bevor sie völlig zerstört wurde. Er erinnerte sich an Treppen, die die meerseitige Mauer hinaufgeführt hatten. Eine lange Reihe mit Schriftzeichen, die niemand verstand, sei dort gewesen, ganz oben auf dieser Mauer. Sie sei etwa zweieinhalb Meter lang gewesen, und die Zeichen hatten eine Höhe von ungefähr fünfundzwanzig Zentimetern gehabt. Und dann taute er auf. Ich hatte gerade das gut erhaltene Segment einer runden Steinsäule von etwa fünfundvierzig Zentimetern Durchmesser gefunden und fragte ihn, was das gewesen sein könnte. Es war Teil einer Säule gewesen, erfuhr ich, die einem Erwachsenen bis zur Brust gereicht hatte.

»Wozu diente sie?«, fragte ich.

»Für den Betel.«

»Aber mussten denn die Menschen zur Hawitta kommen, um Betel zu kauen? Konnten sie das nicht zu Hause?«

»Nicht die Menschen. Das war für den steinernen Buddu.«

Ich wusste mittlerweile, dass Buddu der maledivische Ausdruck für jede Art von Statue war, und wollte hören, wie dieser Buddu ausgesehen hatte.

Er hatte ihn nie gesehen. Seine Mutter hatte ihm erzählt, dass der Buddu ungefähr 1,65 Meter groß gewesen sei. Er stand auf dem Boden direkt neben einer anderen Statue von etwa neunzig Zentimetern Höhe. Der Buddu hatte eine Hand ausgestreckt. Als sich andere zu uns gesellten, um zuzuhören, schwieg er plötzlich.

Uns war wiederholt aufgefallen, dass diese Menschen nicht gern über Dinge sprachen, die sie für heidnisch hielten, wenn andere dabei waren. Mithilfe unserer beiden Freunde Abdul und Waheed aus Male und des Inseloberhaupts machten wir einen Greis ausfindig, der Bell zu der Hawitta begleitet hatte, und wir luden ihn für den Abend allein in unser Haus am

Rand des Dorfes ein. Magi Eduruge Ibrahim Diddi gab sein Alter mit vierundsiebzig Jahren an. Er wusste nicht mehr sehr viel von Bells Besuch, außer, dass Bell viele Messungen durchgeführt und alte Stücke gesammelt hatte, aber nicht in der Lage gewesen war, die Schriftzeichen über der Treppe zu lesen. Das sei erstaunlich gewesen, sagte er, denn Bell habe sowohl europäische als auch singhalesische Schriftzeichen lesen können, da sein Vater Engländer und seine Mutter Singhalesin aus Sri Lanka gewesen war.

Bell habe die Statue nicht gesehen, erzählte er weiter.

»Welche Statue?«

»Die steinerne Statue von Mahafoti Kalege.«

»Wer war das?«

»Das war die Statue von dem Mann mit dem Fisch. Mahafoti Kalege bedeutet ›Besitzer des Fisches‹. Das war der Name, den die alten Inselbewohner diesem Standbild gegeben hatten. Aber sie hatten diesen Namen selbst erfunden, denn die Steinfigur hielt ein Stück Fisch an einer Schnur in der Hand.«

Wir hatten noch nie gehört, dass Buddha einen Fisch an einer Schnur gehalten habe. Unser Besucher war nicht der Meinung, dass der »Besitzer des Fisches« Buddha dargestellt habe. Auf unsere Bemerkung, dass die Buddhisten Standbilder von keiner anderen Person als Buddha gemacht hätten, ernteten wir nur ein Schulterzucken.

Unser nächster Besucher war der etwa gleichaltrige Ahmed Ali Diddi. Er erinnerte sich an die Hawitta als ein Bauwerk mit einer kegelförmigen Spitze mit großen Platten. Zu den Schriftzeichen konnte er nichts sagen, aber von der steinernen Statue hatte er gehört. Sie wurde Mahafoti Kalege genannt und stellte einen Mann mit einem Stück Fisch an einer Schnur dar. Maha bedeutete »Fisch«, Foti »Scheibe«, und Kalege war der »Mann«, insbesondere »Herr«. Allah wurde in ihrer Sprache Maikalege genannt, was »Großer Herr« hieß.

Das fing an, kompliziert zu werden. Diese Menschen waren Moslems und hätten nie das Standbild irgendeiner Person hergestellt. Die Hawitta war von Bell als ein buddhistisches Bauwerk identifiziert worden, aber Buddhisten hätten nie einem Mann mit einem Fisch an einer Schnur Betel als Opfer dargebracht.

Der siebzigjährige Muhammed Maniku hatte keine Angst zu sprechen. Früher, so erzählte er, machten singhalesische Fischer aus Sri Lanka gelegentlich hier halt, »um zu danken«. Sie waren sehr fromm. Sein Vater hatte singhalesische Fischer gesehen, die sich auf dieser Insel aufhielten, um dem Standbild Fisch darzubringen. Rohen Fisch. Er selbst hatte sich an den Grabungen in der Hawitta beteiligt, hatte aber nur wenig Neues zu berichten, bis auf die Tatsache, dass der Mann, der aus Male gekommen war, die Schrift auf der Mauer gesehen hatte, die nach dessen Worten tamilischen Schriftzeichen geähnelt habe. Nach dem, was uns Abdul Mufeed vorher erzählt hatte, ähnelte sie singhalesischen Zeichen.

Wieder zurück im eigenen Haus, bekamen wir noch späten Besuch von Kennari Ibrahim Diddi, unserem eigenen Gastgeber, einem kräftig gebauten Mann mittleren Alters, der früher Kapitän und auch offizieller Vertreter von Fua Mulaku in Male gewesen war. Kennari war ein ruhiger und bestimmt auftretender Mann, den seine weltweite Erfahrung geprägt hatte. Als wir ihn fragten, ob er von irgendeiner Statue auf der Insel gehört hätte, sagte er, dass er den Mann kenne, der eine vergraben habe.

Der dreiundsiebzigjährige Hussain Kalefán war ein Verwandter Kennaris, der uns berichten konnte, dass lange nach Bells Besuch ein gewisser Adam Naseer Manik gekommen war. Dieser Mann erklärte, aus Male geschickt worden zu sein, um in der Hawitta zu graben. Hussain hatte ihm daher geholfen, Arbeiter zu finden, und als sie in der Hawitta gruben, fanden sie einige Steinbehälter mit Deckel. In ihnen befand sich Gold, das der Besucher mit nach Male genommen hatte. Etwas tiefer hatte ein weiterer Steinbehälter mit einer kleinen Skulptur gelegen. Diese Skulptur kam nicht nach Male und wurde auch nicht zerstört. Diese Skulptur war nur etwa dreißig Zentimeter hoch. Sie war nicht wie Buddha, sondern nackt und stand aufrecht, die Hände mit langen Fingern ausgestreckt seitlich am Körper. Augen, Nase und Mund waren so beschaffen, dass die Figur mehr einem Menschen als einem Teufel ähnelte; Ohren fehlten, und die Zähne waren nicht besonders hervorgehoben. Der »Leiter« aus Male hatte sich nicht dafür interessiert. Es war ohnehin verboten, in Male eine menschliche Figur zu zeigen. Schon für ein geringeres Vergehen wurde man ins Gefängnis geworfen, selbst wenn man nur eine menschliche Figur in den Sand zeichnete.

Das waren wichtige Auskünfte. Die Statue, so hieß es, sei noch da, im selben steinernen Behälter unter den Korallentrümmern, die man in die der Hawitta geschlagenen Wunde zurückgeworfen hatte. Man konnte sie leicht wiederfinden, ohne das alte Bauwerk zu beschädigen. Wir brauchten nur dort zu graben, wo sie zuvor ausgegraben worden war, und den steinernen Behälter herauszuziehen.

Wir bestimmten Kennari zum Leiter eines Teams, das den Graben erneut öffnen sollte, aber zuvor sollte unser Begleiter Waheed von der für das Atoll zuständigen Verwaltung eine Genehmigung aus Male einholen.

Man verwies uns an Kadija Ibrahim Kalifan, eine alte Frau und die Witwe des Oberhaupts aus der Zeit, in der das Gold aus der Hawitta geholt worden war. Dieser angebliche »Leiter« aus Male hatte alles, was er in der Hawitta gefunden hatte, bis zu seiner Abreise von der Insel in ihrem Haus aufbewahrt. Er hatte ihr lediglich zwei Gefäße gezeigt, die mit kleinen Gold- und Bernsteinobjekten angefüllt waren, sowie ein paar

Amulette, die mit Zauberei zusammenhingen. Aber sie wusste, dass die Männer auch einen Schädel und Menschenknochen gefunden hatten. Die hatte man nicht in der Nähe der Moschee begraben, sondern neben der Hawitta.

Björn und seine beiden singhalesischen Studenten nahmen Lieder und Verse auf Band auf, für das Ahmed Mussa, ein Mann mittleren Alters, einen sehr rhythmischen Vortrag beisteuerte, dessen Text, wie sich herausstellte, sogar die jungen Leute auf der Insel kannten. Es war das erste Mal, dass wir von den Redin hörten. Wahrscheinlich hätte niemand an die Redin gedacht oder sie uns gegenüber freiwillig erwähnt, wären sie uns nicht, versteckt in einem einheimischen Gedicht, begegnet. Es war ein Vers, der ihre eigene Insel pries, wobei ein Abschnitt speziell der großen Hawitta gewidmet war. Abdul übersetzte mithilfe derer, die im hiesigen Dialekt ganz zu Hause waren:

Hier war es, wo die Redin einst schufen
die Hawitta, sehr alt, von Singhalesen erbaut.
Dort war ein Standbild, weißt du,
sollen wir hingehen und nachsehen,
ob es noch da ist …

Der geschickte Hinweis auf eine möglicherweise verborgene Statue schien deutlich genug zu sein, aber der Verweis auf die beiden eindeutigen Urheber der Hawitta ergab für mich zunächst keinen Sinn. Bell hatte die Hawitta auf Fua Mulaku als eine ehemalige singhalesische Stupa der sehr alten singhalesischen Art bestimmt, wie er sie aus Sri Lanka kannte. Man konnte also durchaus die in dem Gedicht gemachte Behauptung akzeptieren, dass sie von Singhalesen erbaut worden sei. Aber wer war oder waren Redin? Und wenn die Singhalesen die Hawitta erbaut hatten, wie konnte sie dann zuerst von Redin geschaffen worden sein?

Die Redin waren, wie sich herausstellte, ein Volk, nicht eine einzelne Person. Als ich Beils nützlichen Bericht erneut durchlas, entdeckte ich einen beiläufigen Hinweis auf die Redin in einer Anmerkung über einen Hügel, den er auf einer Insel im Haddummati-Atoll besichtigt hatte: »Es gibt keine Überlieferung hinsichtlich des Hügels, außer dass seine Errichtung den sogenannten ›Redin‹ zugeschrieben wird, legendären alten Erbauern so monumentaler Bauwerke.«

Später schreibt er über ein anderes derartiges Bauwerk, ganz oben in den nördlichen Atollen auf der Insel Milandu: »Aus Aberglauben haben die Inselbewohner Angst, in dem Hügel zu graben, den sie ›Redinge Funi‹ nennen.«

Redinge Funi heißt »Redins Hügel«. Die beiden Atolle, wo Bell von den Redin gehört hatte, lagen an den beiden äußersten, entgegengesetzten Enden der langen maledivischen Inselkette. Und jetzt hatten wir erfahren, dass man sich der Redin auch als der Initiatoren des großen Hügels auf Fua Mulaku erinnerte.

Bei unseren Bemühungen, mehr über die Zeit der legendären Redin zu erfahren, stellten wir überrascht fest, dass man allgemein der Überzeugung gewesen war, Fua Mulaku sei ein Atoll mit einer Lagune gewesen, als die Redin die Hawitta schufen. Vor sehr langer Zeit, so berichteten alle, konnten Schiffe bis in die Mitte der Insel fahren und dort ankern oder anlegen, wo heute bebautes Land war. Die Inselbewohner hatten von ihren Vorfahren gehört, dass vor vielen, vielen Jahren ein entsetzlicher Sturm Korallenblöcke und Sand emporgeschleudert hatte, der den Eingang zur Lagune blockiert und sie allmählich in fruchtbare Felder mit einem Süßwassersee in der Mitte verwandelt hatte. Sie waren so überzeugt davon, dass sie uns zu der Stelle an der Südküste führten, heute ein durchgehender, steil abfallender Findlingsstrand, wo der Laguneneingang gewesen sein sollte.

In der Morgendämmerung glitt die Midu in die schmale Durchfahrt zwischen zwei Inseln im Gaaf-Atoll. Die Sonne ging auf, als wir dicht an der Küste den Sandstrand einer langen, flachen Insel entlangfuhren, die von dichtem Dschungel bedeckt war, aus dem vereinzelt einige Palmen ragten. Kein einziges Haus war zu sehen. Diese so üppig wuchernde Insel war aus keinem ersichtlichen Grund unbewohnt.

Sie hieß Gan, wie die Insel mit dem Flugplatz auf der gegenüberliegenden Seite dieses Kanals, die wir als erste im Addu-Atoll aufgesucht hatten. Wir beschlossen, sie Gaaf-Gan zu nennen, weil sie auf dem Kranzriff des ausgedehnten Gaaf-Atolls lag. Es gab noch eine dritte größere Insel in den Malediven, die Gan hieß. Dieses Gan lag im nächsten Atoll nördlich. Alle drei Inseln bargen nach Hassan Maniku bedeutende frühgeschichtliche Grabhügel. Der größte Hügel befand sich, wie er glaubte, auf der Insel, an der wir gerade vorbeifuhren. Weder er selbst noch Bell hatten diesen Hügel gesehen, aber Maniku schrieb, er sei bei den Einheimischen der Nachbarinseln als Gamu hawitta bekannt, »Gans Hügel«, und sei knapp zwanzig Meter hoch.

Ich hatte Maniku in Male gefragt, wieso drei große Inseln in den Malediven denselben Namen hatten, und was Gan eigentlich heiße. Ich bekam die erstaunliche Antwort, dass Gan und Gamu in der Landessprache lediglich verschiedene Beugungsformen desselben Namens seien. Richtig hießen diese drei Inseln eigentlich Gamu, wobei »gamu« ein alter Sanskrit-Ausdruck für »Siedlung« sei. Es war eine anerkannte Tatsache, dass das Dhivehi, die Sprache der Malediver, stark im Sanskrit wurzelt. Aber die Insel, die wir jetzt vom Deck der Midu aus sahen, war vollkommen unbewohnt, sodass es eigenartig erschien, sie Gan zu nennen, wenn das »Dorf« oder »Siedlung« bedeutete.

Ein schmaler Kanal, wo die Brandung vom offenen Äquatorkanal in die Lagune drang, trennte Gan von der sehr viel kleineren Insel Gadu, die indes dicht besiedelt war. Hier lebten eintausendsechshundert Menschen zusammengedrängt in einem Dorf, das die gesamte Landfläche bedeckte, während sie zu der unbewohnten Insel Gan nur ruderten, um Nahrungsmittel zu holen.

Meine erste Frage war, warum die große Insel Gan unbewohnt sei. Wir erhielten die verblüffende Antwort, dass Gan vor langer Zeit bewohnt gewesen sei, aber dann seien eines Tages vom Meer her riesige Katzen gekommen. Diese großen Katzen seien sehr wild gewesen, und die Menschen auf der Insel seien entweder getötet worden oder in ihren Booten geflohen. Seither hatte nie mehr jemand auf der Insel gewohnt. Heute betraten die Bewohner von Gadu die Insel nur noch bei Tage.

Die Bewohner von Gadu erzählten uns, dass die Wälder von Gan voller Ruinen seien. Kein Mensch habe je dort gegraben. Es stimme, dass es einen großen Hügel gebe, der aber nicht Gamu hawitta oder »Gans Hügel« heiße, denn auf Gan gebe es mehrere Hügel. Der größte werde Bodu hawitta genannt, was ganz einfach »großer Hügel« bedeute. Der eigentliche Name sei Vadamaga Hawitta gewesen, und errichtet hätte ihn vor sehr langer Zeit ein Volk namens Redin. Man vermutete, dass im Innern noch die verschiedenartigsten Dinge verborgen waren.

Das Oberhaupt von Gadu kam mit einem ungewöhnlich großen Mann zu uns, der ohne Frage irgendeine wichtige Stelle in der Gemeinschaft bekleidete. Er erklärte, dass zwar niemand tatsächlich eine Insel besitze, aber dieser Hassan habe Gan von der maledivischen Regierung gepachtet, um die Kokosnüsse zu ernten.

Wir hielten uns nicht lange mit Vorreden auf und erklärten, dass wir die Insel gern besuchen würden. Der »Besitzer«

schien überaus erfreut zu sein, uns dorthin zu führen. In einem kleinen Donie ruderten wir mit ihm und zwei seiner Männer hinüber. Wie alle anderen Malediven-Inseln war auch Gaaf-Gan ein flaches Koralleneiland, das sich nicht mehr als zwei Meter über den Meeresspiegel erhob. Es wäre ständig von den großen Wellen des Äquatorkanals überspült worden, wenn es nicht von einem weiten und nur knapp unter der Wasseroberfläche liegenden Küstenriff geschützt worden wäre.

Zuerst liefen wir bequem durch offenes Grasland, auf dem verstreut mächtige Kokospalmen standen, dann einen Pfad entlang, den auf beiden Seiten dichter Dschungel einschloss. Die Wildnis abseits des Weges war undurchdringlich und konnte jedes Bauwerk verbergen, das auch nur eine Armlänge entfernt war. Aber oben über dem dichten Dschungeldach hingen in den Bäumen und Palmenkronen braune Fledermäuse, die so groß wie Kaninchen waren.

Die Geschichte über die großen Katzen, die über das Meer gekommen waren, irritierte mich. Weder Robben noch andere Meerestiere hätten die Bewohner einer ganzen Insel verscheuchen können, die es ohne Furcht selbst mit den größten Haien aufnahmen. Es wäre für jeden Fremden ein Leichtes gewesen, die Geschichte von den großen Katzen mit einem Lachen als ein Märchen abzutun, erfunden, um zu erklären, warum Gan in weit zurückliegender Zeit entvölkert worden war. Doch es genügte ein Gespräch mit dem »Besitzer« der Insel und denen, die an diese Überlieferung glaubten, um zu begreifen, dass wir es hier nicht mit kindlichen oder primitiven Menschen zu tun hatten, sondern mit den Erben einer Kultur, die so alt wie die unsere war – vielleicht sogar älter.

Mir fiel ein, dass sich die Bewohner des nächstgelegenen größeren Landes, Sri Lanka, Singhalesen nannten, »Löwenmenschen«. Auf Sri Lanka hat es nie Löwen gegeben, aber die dortigen Singhalesen behaupten, von alten Seefahrern abzustammen, die mit einem legendären Löwen, den sie als ihren königlichen Ahnherrn verehrten, von Indien nach Sri Lanka gekommen seien. Aus diesem Grund schufen die Singhalesen Löwenstatuen und verwendeten Löwensymbole, etwa furchterregende Masken mit Katzenzähnen, um sich in Kriegs- und Friedenszeiten zu unterscheiden.

Löwen wären in der Tat für die Malediver »sehr große Katzen« gewesen, da sie nie eine der größeren Katzenarten gesehen hatten. Und alles sprach für die Annahme, dass die Löwenmenschen die Malediven aufgesucht haben. Vielleicht waren singhalesische Plünderer in der Maskierung von Löwen die großen Katzen vom Meer, die furchterregend genug waren, die Bewohner einer ganzen Insel in die Flucht zu schlagen.

Ich war dem »Besitzer« der Insel dicht auf den Fersen, als er plötzlich stehen blieb und in den Dschungel zeigte. Abdul dolmetschte, was er sagte. Dahinten, in der Nähe der Küste, lägen die Ruinen einer »buddhistischen Burg«. Es sei nur noch sehr wenig zu sehen.

Ich fragte, ob die Redin Buddhisten gewesen wären. Aber nein, die Redin waren diejenigen, die die Hawittas gebaut hatten. Jemand anders hatte die »buddhistischen Burgen« errichtet. Wenn wir heute Abend wieder auf Gadu wären, würde er einige uralte Männer zusammenrufen, die uns erzählen konnten, was sie wussten.

Das Marschtempo war jetzt deutlich langsamer. Da wir nur schrittweise vorwärtskamen, hatten wir Zeit, die gewaltigen Stämme einiger Urwaldriesen zu bewundern, die an Umfang alles übertrafen, was wir bisher gesehen hatten. Lianen hingen wie Seile vom Dschungeldach, und die dicken Äste, die aus den massigen Stämmen wuchsen, waren wie moosbedeckte Regale in einem Blumenladen mit Orchideen und schmarotzenden Farnen geschmückt. Es war heiß. Heiß und feucht. Kein Lufthauch drang bis hierhin vor.

Zunächst sah ich nichts als den grünen Dschungel direkt vor meiner Nase. Doch dann bemerkte ich etwas Ungewöhnliches, beinahe Schwarzes, das sich zwischen den Blättern verbarg. Das musste die große Hawitta von Gan sein. Björn und ich gaben uns keine Mühe, einige unwillkürliche Ausrufe zu unterdrücken, als wir sahen, dass der Berg sich so hoch vor uns auftürmte, dass wir den Kopf in den Nacken legen mussten, wenn wir sein ganzes Ausmaß erfassen wollten. Wir schickten uns an, auf allen vieren die Schräge hinaufzukrabbeln, wobei wir uns zwischen Ästen und Farn hindurchschlängelten.

Meine Füße waren inzwischen in Kopfhöhe der noch auf dem Boden Stehenden, und ich kletterte weiter über dicke Wurzeln, die sich zwischen den Steinen durchwanden. Ein riesiger Baum wuchs seitlich aus dem Hügel, obwohl dieser aus massivem Stein zu sein schien. Grobe Kalksteinbrocken und zerbrochene Korallenliste waren aufgehäuft worden zu diesem Hügel. Die einstmals schneeweißen Korallen und Kalksteine waren dort, wo das Moos sie nicht überwucherte, grauschwarz vor Alter geworden.

Die Steine waren locker, und wir krochen auf Händen und Knien nach oben, hielten uns an kräftigen Farnen, Stämmen und Wurzeln und waren darauf bedacht, dass den Nachfolgenden nichts auf den Kopf fiel. Das dichte Blätterwerk erschwerte uns den Blick nach oben wie nach unten, doch hatte ich den Eindruck, etwa die Höhe eines dreigeschossigen Gebäudes erreicht zu haben, als ich erstmals einen Blick über das geschlossene Dschungeldach werfen konnte.

Weder einen bearbeiteten Stein noch sonst etwas Interessantes fanden wir auf dem Gipfel, nur einen Baum, und so krochen wir vorsichtig den steilen Abhang so wieder hinunter, wie wir heraufgekommen waren. Die Neigung des Hügels schien gerade noch einen solchen Winkel zu haben, bei dem herunterrollende Steine wieder zur Ruhe kommen. Es war durchaus möglich, dass es hier immer so ausgesehen hatte, ein Haufen Steine, die mit einem enormen Arbeitsaufwand aufeinandergeworfen worden waren. Ein Monument wie die königlichen Grabhügel der Wikinger. Aber es konnten auch die unförmigen Überreste einer massiven Pyramide sein, die einmal eine feste Gestalt mit terrassierten Mauern hatte, die später verfallen oder abgetragen worden waren, wodurch die aus Trümmern bestehende Füllung hatte hervorquellen und außer Form geraten können.

Wieder am Fuß des künstlichen Hügels angekommen, setzten sich der »Besitzer« und seine beiden Begleiter hochzufrieden mit dem Tagesausflug nieder. Sie hatten ihr Versprechen erfüllt, uns zur Vadamaga Hawitta zu bringen.

Einer der Männer hatte ein paar grüne Kokosnüsse gebracht, die er jetzt mit seinem langen Messer köpfte, als wären es Straußeneier. Ohne abzusetzen, leerten Björn und ich unsere Nüsse bis auf den letzten Tropfen und krochen dann in entgegengesetzten Richtungen in das Dickicht, das den Fuß des Hügels säumte. Hier war der Boden derart mit heruntergefallenen Steinen übersät, dass kaum Bäume wuchsen und wir Platz hatten, zwischen den Zweigen und Riesenfarnen herumzuklettern.

Am nördlichen Abhang entdeckte ich die ersten spärlichen Überreste einer Stützmauer. Ein Dutzend moosüberwachsener Steinblöcke, alle quadratisch zugehauen, lagen noch unberührt in einer geraden Reihe übereinander und verhinderten, dass der dahinterliegende Schutt abrutschen konnte. Ich war überrascht festzustellen, dass der Abschnitt dieser Stützmauer eine gerade Linie bildete. Die Hawitta auf Fua Mulaku hatte einen kreisförmigen Grundriss, wie es bei einer buddhistischen Stupa üblich war. Aber dieser gerade Mauerabschnitt legte die Vermutung nahe, dass der Pyramidenbau, den wir jetzt erforschten, vielleicht quadratisch gewesen war. Mir fielen die Stufenpyramiden mit ihrem rampenartigen, feierlichen Aufgang in Mesopotamien, auf Bahrain, in Oman und dem präkolumbianischen Amerika ein.

Mich packte eine solche Aufregung, dass ich Björn rief, der sich von der anderen Seite vorkämpfte.

»Ja«, sagte er, als ich es ihm zeigte. »Ja.«

Aber er machte einen ziemlich zerstreuten Eindruck, und ich merkte, dass er meine Mauer überhaupt nicht beachtete, sondern auf etwas ganz anderes zeigte und rief: »Aber was ist das hier?«

Ich blickte nach links oben, wohin er zeigte. Unter einer Wurzel starrte uns ein riesiges offenes Auge an. Mein erster Gedanke war, dies müsste ein Teil einer alten Steinfigur sein. Die Augen der Standbilder waren bei den alten Sonnenverehrern häufig so dargestellt worden, mit immer größer werdenden, einander einschließenden Kreisen, wie bei einer Zielscheibe auf einem Schießstand.

»Was ist das?«, wiederholte Björn ungeduldig, als er merkte, dass er etwas entdeckt hatte, was mir für einen Augenblick die Sprache verschlagen hatte.

»Ein Sonnensymbol«, rief ich. »Wir sind hierhergekommen, um nach Spuren des Sonnenkults am Äquator zu suchen, und hier haben wir sie. Konzentrische Kreise um eine Scheibe in der Mitte. Das ist das bekannte Symbol der heiligen Sonne sowohl im alten Asien als auch in Afrika und Amerika.«

»Was willst du noch mehr?«, lachte Björn und schlug mir triumphierend auf die Schulter.

Die Begleiter von der Insel kamen und freuten sich mit uns und sorgten mit ihren Macheten für Platz. Wir beschränkten unsere Suche bald auf die große Anzahl Steine, die zugehauen worden waren; die anderen waren nur Teil der Füllung und von der Form her zu grob gewesen, als dass sie hätten verziert gewesen sein können. Jeden Stein, den wir umdrehten, rollten wir wieder in seine ursprüngliche Lage zurück.

Plötzlich schrie einer der Männer mit den Macheten. Unter einem umgeknickten Farn lag ein weiterer Steinblock mit genau dem gleichen Sonnensymbol und daneben noch einer. Der nächste, den ich fand, war anders. Auf beiden Seiten der Sonnenkreise ragten drei »Finger« hervor, als hätte die Sonne Flügel. Die geflügelte Sonnenscheibe war bei den alten Steinmetzen Mesopotamiens und Ägyptens ein verbreitetes Symbol für die höchste Gottheit, den Sonnengott.

Es kamen noch mehr mit einer Sonne verzierte Steine zutage, beide Arten. Wir fanden sogar einen Eckstein mit dem Sonnensymbol auf den beiden Außenseiten, woraus sich zweifelsfrei ergab, dass das Bauwerk nicht rund gewesen war. Es hatte gerade Mauern und rechtwinklige Ecken. Alle anderen Steine hatten hinten einen Hals, der so in die Mauer eingesetzt werden konnte, dass das reliefartig herausgearbeitete Sonnensymbol auf der leicht konvexen Außenseite hervorragte. Diese Technik war den großen Tempelbaumeistern der Alten Welt und des frühen Amerika bekannt.

In dem Haufen westlich des großen Hügels lagen einige lange, flache Steine, die sehr schön von Steinmetzen verziert worden waren, die Meister ihres Fachs gewesen sein mussten. Hier waren es keine Sonnenscheiben, sondern Blumen. Sonnen-Blumen! Feine, kleine Sonnen-Blumen, die stark hervortraten und eine Reihe am Rand der Steine bildeten, die wie Fensterstürze oder Firststücke ausgekehlt waren. Zwischen den einzelnen Blumen befand sich ein eigenartiges Symbol, das sich jeweils leicht änderte, aber immer aus senkrechten Balken mit danebenliegenden Punkten bestand und damit sehr den Zahlzeichen der Maya-Hieroglyphen aus dem präkolumbischen Mexiko ähnelte. Es wären tatsächlich Maya-Zahlzeichen gewesen, wenn sie nicht auf beiden Seiten der Punkte Balken gehabt hätten. Auch das Blumenrelief, das sowohl symbolischen wie schmückenden Charakter hatte, hatte ich schon auf alten Maya-Tempeln und noch öfter in der religiösen Kunst der Hindus gesehen.

»Sieh dir mal das Schildkrötenornament an«, rief ich und zeigte Björn die breiteren, zungenförmigen Reliefs, die parallel zu den Reihen mit den Blumen- beziehungsweise Balken-Punkte-Symbolen liefen. Uns fiel die kleine Schildkrötenskulptur ein, die gemeinsam mit den dämonischen Steinköpfen an der Opferstätte auf Male ausgegraben worden war. Und allmählich dämmerte es mir, dass wir uns irrten. Das hier waren gar keine Seeschildkröten, sondern der auf dem Festland übliche Lotosblüten-Schmuck, wie er typisch für die großen, alten Kulturen der Alten Welt war. Wir hatten es hier mit einem weiteren interessanten Fingerzeig zu tun. Auf den Malediven gab es sehr viele Seeschildkröten, sogar hier auf dieser Insel, aber Lotosblumen wuchsen hier nicht. Die Lotosblume war ein schmückendes Symbol, das die alten Kulturen der Ägypter, Phönizier, Mesopotamier und Hindus kannten. Sonnenscheiben, Sonnen-Blumen und Lotosblüten! Was wollten wir noch mehr? Es wurde immer klarer, dass weder die Motive noch die architektonische Technik ihren Ursprung auf dieser kleinen Insel noch sonst wo auf einem dieser Atolle hatten, sondern in fertiger Form von Seefahrern aus fernen Landen eingeführt worden waren.

Der »Besitzer« der Insel war besorgt bei dem Gedanken, was jetzt mit diesen bildhauerisch bearbeiteten Steinen passieren würde, wo wir sie gefunden hatten. Alles, was als heidnische Überreste angesehen wurde, war jedes Mal zerstört worden, wie er uns erklärte. Man brachte diese Steine am besten ins Museum von Male, wo sie sicher waren. Sie hatten ohnehin nicht mehr an ihrem ursprünglichen Platz in der Mauer gesessen. Gemeinsam trugen wir dreizehn Steine zurück zum Boot und ließen einen zurück, den wir am nächsten Tag holen wollten.

Wir kamen zu unserem kleinen Boot und ruderten zurück zum Dorf auf Gaaf-Gadu. Gaaf-Gan blieb verlassen hinter uns, bevölkert von keinem anderen Warmblüter als den riesigen Fledermäusen, die ihre Köpfe hoben und anfingen, über den Baumwipfeln umherzufliegen.

Nach gut einer Woche kehrten wir nach Male mit dem Beweis zurück, dass frühe Anhänger des Sonnenkults lange vor Ankunft der Araber Tempel zu Ehren der Sonne am Äquator errichtet hatten. Eine andere alte Kultur mit einer anderen Religion war dem Islam vorausgegangen. Die Ursprünge der Malediven waren in der Tat verwickelt. Die Menschen auf diesen Inseln waren mehrere Male bekehrt worden, bis sie schließlich Moslems geworden waren.

Womit wir am wenigsten gerechnet hatten, waren weitere Überraschungen hinter der Tür der kleinen Kammer im Museum. Als wir die Tür aufstießen, um den Wächtern zu helfen, unsere mit Sonnen verzierten Tempelsteine zu den nicht moslemischen Skulpturen auf den Boden zu legen, merkten wir, dass die Tür gegen einen Haufen Steinbrocken schlug. Der Haufen lag in der Ecke hinter der Tür verborgen und war nicht zu sehen, wenn die Tür offen stand. Beim letzten Mal hatte ich die Steine zwar bemerkt, sie aber für Bruchstücke aus der Mauer gehalten, die der Kustos nach irgendwelchen Ausbesserungsarbeiten hatte aus dem Blickfeld räumen lassen. Aber inzwischen waren wir erfahren. Wir hatten die Kalksteintrümmer aus den Ruinen der steinübersäten Tempelhügel gesehen, und Björn griff nach einem der größten Stücke hinter der Tür und drehte es in der Hand.

»Eigenartig. Und das hier, was ist das?«, hörte ich ihn murmeln.

Vor unseren Füßen lag das Eckstück einer Steinplatte, deren eine Seite geschliffen und glatt wie ein Marmorboden und mit eingemeißelten Symbolen bedeckt war.

»Hieroglyphen!«, rief ich. »Das sind offensichtlich Hieroglyphen. Aber sie sind anders als die ägyptischen. Eigentlich ähneln sie den Hieroglyphen aus dem Indus-Tal.«

Über der Zeile mit den seltsamen Zeichen war eine Reihe mit Hakenkreuzen, ein für die frühe Kultur des Indus-Tals typisches Symbol, das später eine lange und zweifelhafte Geschichte hatte, als es in unserer Zeit von den Nazis in Deutschland usurpiert wurde. Ursprünglich war es ein Symbol für die heilige Sonne im Indus-Tal gewesen. Unter der Zeile mit den Schriftzeichen waren an der abgebrochenen Kante noch die Reste eines großen Rades mit vielen Speichen zu erkennen: das bekannte Sonnenrad der gleichen Frühkultur. An den Außenkanten war ein breiter Rand mit dem charakteristischen Lotosmuster, ebenfalls ein altes Symbol für die göttliche Sonne, die aufgehende Sonne. Sonnensymbole in drei Spielarten beherrschten die Steinplatte.

Vor allem die mittlere Reihe mit den Bilderschriftzeichen stach mir ins Auge. Einmal die Meeressymbole: ein Angelhaken, eine Muschel und zwei Fische, alle hintereinander. Der Fisch war eines der häufigsten Zeichen der noch nicht entzifferten Schrift des Indus-Tals. Auch zwei Stöcke mit Haken waren zu sehen, die Speeren zum Aufspießen von Fisch ähnelten. Weiter gab es ein Bildzeichen, das im Indus-Tal ebenfalls sehr verbreitet gewesen war und einem Becher glich, von den Wissenschaftlern aber als das Symbol einer heiligen Trommel angesehen wurde. In der Mitte der Zeile stand ein kompliziertes Zeichen in der Form eines Kruges mit einem Hals, aus dem drei Pfeile mit dreieckigen Spitzen ragten.

Der Pfeil nahm in der Schrift des Indus-Tals eine bedeutende Rolle ein.

Wichtige Teile fehlten. Sie lagen nicht unter den Steinen hinter der Tür.

Als wir den Stein den Museumswärtern zeigten, zuckten sie nur die Schultern. Das sei nichts Besonderes, lediglich irgendetwas Altes, das man irgendwo auf den Malediven gefunden hatte. Das war alles, was sie wussten. Und dass das Stück erst vor Kurzem hierhergebracht worden war.

Wo war der übrige Teil der Platte, die zerbrochenen Stücke, die fehlten?

Wir standen noch ganz unter dem Eindruck dessen, was wir in der letzten Woche gesehen hatten, und hatten unsere Entdeckung hinter der Museumstür noch gar nicht richtig verdaut, als die Kunde auch schon den Präsidenten erreicht hatte.

Und so kam es, dass die Steine, die wir in schmutzigen Kartoffelsäcken vom Gaaf-Atoll in dieses Museum gebracht hatten, erstmals auf dem roten Teppich im Präsidentenpalast ausgepackt wurden.

Und so kam es auch, dass der Präsident, der von unserem Fund ebenso begeistert war wie wir, mich bat, mit Ausgrabungen zu beginnen. Ich hatte noch nicht richtig erfasst, dass die maledivische Gesellschaft, die eine so alte Kultur besaß und über acht Jahrhunderte von konservativen Sultanen schließlich zu einer strengen moslemischen Gemeinschaft geformt worden war, seit gerade zehn Jahren von Fremden des Düsenzeitalters überrannt wurde. Die verschlossenen Türen waren der Welt draußen beinahe über Nacht geöffnet worden, und die junge demokratische Republik befand sich jetzt in einem Schmelztiegel für Alt und Neu. Es gab jene, die die Einstellung des früheren Sultans teilten, dass man schlafende Hunde besser nicht weckt, aber es gab auch die progressive Gruppe der jungen Führer, die die eigenen Wurzeln kennenlernen, eine eigene kulturelle Identität begründen und die Wahrheit über ihre geheimnisumwitterte, ungeschriebene Geschichte wissen wollten.

Zurück in Europa, saßen Arne Skjölsvold, Öystein Johansen, Egil Mikkelsen und ich im ersten Stock des Kon-Tiki-Museums in Oslo. Bei uns war außerdem noch Knut Haugland, Kurator des Museums und mein engster Mitarbeiter in all den Jahren, seit wir zusammen am Ende der Fahrt auf dem Balsa-Floß in Polynesien an Land gewatet waren. Jetzt waren wir zusammengekommen, um über das weitere Vorgehen zu sprechen, denn Arne Skjölsvold, Öystein Johansen und Egi Mikkelsen wollten die Einzelheiten der Ausgrabungen schriftlich ausarbeiten, und das Kon-Tiki-Museum sollte die Berichte und Zeichnungen veröffentlichen.

»Und wer hat nun die Malediven entdeckt? Habt ihr die Antwort gefunden?«, fragte Knut scherzhaft.

»Wir haben eine Antwort«, sagte Arne Skjölsvold. »Und sie wird vielleicht viele überraschen. Diese Inseln wurden nicht einfach von primitiven Seefahrern entdeckt, die sich von der Meeresströmung hatten treiben lassen. Sie wurden von Menschen mit einer entwickelten Kultur besiedelt, die bereits im Altertum das Meer befuhren.«

»Sie waren bereits große Künstler und Architekten, bevor sie zu den Malediven segelten. Und das war vor der Wikingerzeit in Europa«, ergänzte Egil Mikkelsen.

»Auf jeden Fall haben wir jetzt den ersten Beweis dafür, dass die Malediver schon tausend Jahre vor Kolumbus in klassischer Form gebaut haben. Ich habe gerade aus dem Labor die ersten Ergebnisse der Karbondatierung bekommen«, sagte Arne Skjölsvold weiter. »Irgendwann um 500 n. Chr. wurde auf Nilandu eine Tempelanlage gebaut. Vielleicht sogar umgebaut, denn sie enthielt bearbeitete Steine eines älteren Bauwerks.«

»Wie alt dieses Bauwerk war, können wir nicht sagen. Aber das macht zweifellos deutlich, dass sich auf Nilandu schon vor 500 n. Chr. einiges getan hat«, folgerte Arne Skjölsvold.

»500 n. Chr., das sind 600 Jahre vor der offiziellen Besiedlung der Malediven, wenn man ihren geschichtlichen Aufzeichnungen folgt.« Die Archäologen hatten allen Grund, mit ihren ersten Testgrabungen zufrieden zu sein.

Aber Knut Haugland wunderte sich. »Von wo hätten Seefahrer mit Erfahrung in Architektur kommen können, tausend Jahre bevor sich europäische Karavellen hinaus auf das offene Meer wagten?«

»Aus Asien, Afrika, Amerika.« Jetzt war es an mir, von dem zu berichten, was ich im Zentrum der Seefahrt im Nordwesten Indiens gesehen hatte, in Lothal und der Gegend von Bharuch. In der eigentlichen Heimat der Löwenmenschen, die seetüchtige Schiffe bauten und im sechsten vorchristlichen Jahrhundert mit dem Schiff ihre Heimathäfen verließen. Die Erinnerungen an ihre Abenteuer auf dem Meer waren längst zu Legenden geworden, als sie um 500 n. Chr. schriftlich festgehalten wurden, zur Zeit der zweiten Bauphase auf Nilandu. Die Bewohner Bharuchs waren hervorragende Architekten, lange bevor der königliche Expeditionstrupp mit Männern und Frauen in die Verbannung geschickt wurde, um sich neues Land zu suchen. Das war zweitausend Jahre vor Kolumbus. Zu der Zeit waren Hohlkehlen bei ihnen üblich, wie diejenigen auf Nilandu.

»Glaubst du immer noch, dass die piktografischen Inschriften, die du auf der zerbrochenen Tafel entdeckt hast, eine Ableitung der Schrift aus dem Indus-Tal waren?«, fragte Knut.

»Nicht direkt. Aber indirekt schon. All diese Zeichen hatten eine symbolische Bedeutung. Es waren Bilderschriftzeichen.

Und sie leiteten sich alle von Symbolen her, die sich unter den ersten Kulturen vom Nordwesten Indiens aus verbreitet hatten; von den Häfen Lothal, Bhagatrav, Bharuch und den vielen späteren hinduistischen Königreichen im selben Gebiet.«

»Alte chinesische Keramik«, erklärte Öystein Johansen, als er einen Haufen uns vertrauter grüner Topfscherben aussortierte. »Das haben wir auf Nilandu, Gaaf-Gan und Fua Mulaku ausgegraben. Ich habe es bei meiner Reise durch Südostasien auf den Osten spezialisierten Archäologen gezeigt. Sie alle haben es als chinesisch aus etwa dem achten Jahrhundert identifiziert, als der Handel mit China zunahm und Keramik das Hauptexportgut Chinas war.«

Öystein Johansen hatte außerdem erfahren, dass J. Carswell vom Institut für Orientalistik in Chicago Male besucht und dort Hunderte von Topfscherben aus den chinesischen Song- und Ming-Dynastien (960–1279 n. Chr. und 1368–1644 n. Chr.) gesammelt hatte. Carswell war überrascht gewesen, dass all diese Beweise für den Handel mit dem Fernen Osten in die arabische Zeit fielen, denn er hatte kaum islamische Keramik entdeckt. Die übrigen Scherben, die Allen gesammelt hatte, waren als südostasiatisch und chinesisch identifiziert worden.

Dann holte Öystein Johansen eine kleine Schachtel hervor, um seinen Trumpf auszuspielen. Er hatte ebenfalls die Insel Vadu besucht und erzählte uns jetzt, während er die Stücke in der Schachtel auspackte, seine Geschichte.

Im Rahmen unseres gemeinsamen Programms war Öystein Johansen noch einmal allein auf die Malediven geflogen mit der Absicht, die Insel Maalhos im Alifu-Atoll westlich von Male aufzusuchen. Der Grund: Ein schwedischer Tourist war im selben Jahr auf dieser Insel gewesen, weil er von einem Steinkopf gehört hatte, den man dort angeblich vor siebzehn Jahren gefunden hatte. Der schwedische Tourist erzählte uns, die Inselbewohner hätten die Existenz des Kopfes zunächst geleugnet. Schließlich aber zeigten sie ihm eine steinerne Maske, die mit dem Gesicht nach unten auf einem Schutthügel gelegen hatte. Sie war aus einem alten Brunnen zutage gefördert worden. Der Schwede hatte darauf gedrängt, die Maske nach Male zu schicken, und dort sahen wir die etwa dreißig Zentimeter große Kalksteinmaske vor unserer Abreise. Ein wunderschönes Exemplar. Das wirklichkeitsgetreue Gesicht trug auf der Stirn das Symbol des »dritten Auges«, und über einem verzierten Stirnband erhob sich eine hohe Kappe.

Die nochmalige Rückkehr Öystein Johansens auf die Malediven hatte nur den einen Zweck, Testgräben in der Gegend anzulegen, wo die steinerne Maske gefunden worden war. Aber aus irgendwelchen Gründen erlaubten unsere Freunde vom Nationalen Zentrum ihm nicht, Maalhos aufzusuchen, und so war er auf der kleinen Insel Vadu gelandet, wo ein Junge die kostbare Topfscherbe gefunden hatte, die jetzt vor uns lag. Überall im Sand von Vadu hatte Öystein Johansen alte Scherben gefunden. Die Insel musste einmal sehr bedeutend gewesen sein. Er hörte aus Erzählungen, dass sie früher sehr viel größer gewesen sei, und war in die Lagune gewatet. Mit bloßen Händen hatte er Topfscherben aus dem Sand des Lagunengrundes graben können. Das hier waren einige Stücke davon.

Er zeigte uns einige alte Scherben von feinen, mit der Hand geformten, unbemalten Töpfen aus grauer Keramik mit einer ganz besonderen Verzierung der Oberfläche, sogenannte Schnurkeramik.

»Ich habe die Sachen den Archäologen in den Nationalmuseen von Singapur, Kuala Lumpur und Manila gezeigt, ohne zunächst zu sagen, wo ich sie gefunden habe. Gefunden hatte ich sie, als ich vor dem Strand von Vadu getaucht war. Unabhängig voneinander erklärten alle, dass es sich um jungsteinzeitliche Töpferwaren einer Art handle, die um 2000 v. Chr. aufgehört habe hergestellt zu werden.«

Ich erzählte den anderen, dass ich nach meinem Besuch in Bharuch und Lothal in Gujarat überzeugt war, dass zumindest das hinduistische Element auf den Malediven aus dem Nordwesten Indiens gekommen sei. Und wahrscheinlich waren die Hindus nicht einmal die Ersten gewesen, die eine solche Fahrt vom Golf von Kambay direkt nach Süden zu den Malediven unternommen hatten. Vielleicht hatten sich Seefahrer schon zur Zeit Mesopotamiens und der Indus-Kultur von der Sonne zum Äquatorkanal führen lassen und überlebten in den Legenden als die Redin. Vielleicht waren sie diejenigen, die die Tonwaren vor 2000 v. Chr. auf den Malediven zerbrochen und in der gleichen Zeit Kaurimuscheln zum Hafen von Lothal gebracht hatten.

Arne Skjölsvold hob hervor, und wir alle stimmten ihm zu, dass der Buddhismus auf den Malediven eine starke Position gehabt haben musste, bevor der Islam eingeführt wurde. Diese Buddhisten konnten direkt von Birma gekommen sein – wie das Bambusfloß, das wir gesehen hatten. Es gibt zahlreiche Fakten, die belegen, dass die Malediver schon lange vor der islamischen Zeit Verbindung zu buddhistischen Ländern bis hin nach Südostasien und China hatten.

Aber Sri Lanka ist wohl der wahrscheinlichere Ursprung. Dort gibt es Aufzeichnungen über eine größere Wanderungsbewegung zu Korallenatollen im Meer. Und sie wurde hervorgerufen von einem mächtigen Buddhisten, der die Inseln um 500 v. Chr. aufsuchte. Auch wenn die Malediven in der singhalesischen Ära nie weder politisch noch religiös von Sri Lanka beherrscht worden sind, müssen diese beiden unabhängigen Staaten doch voneinander gewusst und sogar irgendwelche inoffiziellen Handelskontakte gehabt haben. Wie Egil Mikkelsen hervorhob, wurde dies durch einige der Topfscherben deutlich, die er und Öystein Johansen im Tempelkomplex von Nilandu ausgegraben hatten. Die Herkunft der Scherben war als sri-lankisch identifiziert worden, und sie stammten aus der Zeit ab 700 n. Chr.

Buddhisten aus Sri Lanka und Hindus aus dem Nordwesten Indiens haben damit offenbar zu etwa gleichen Teilen zur Besiedlung des Malediven-Archipels vor ungefähr 2500 Jahren beigetragen, und das sogar in etwa demselben Jahrhundert. Wer sich in der Zeit davor auf den Inseln aufgehalten hatte wurde vertrieben oder aufgesaugt.

Aber woher kamen die Malediver selbst?

»Lassen wir alle Möglichkeiten offen«, schloss Arne Skjölsvold. »Wir wissen, dass Sri Lanka und die Häfen am Golf von Kambay eine bedeutende Rolle in der Frühgeschichte und auch in der Geschichte der Malediven gespielt haben. Aber zu viele sind hierhergekommen oder vorbeigesegelt, bevor die europäische Geschichte begann, also …«

»So ist wohl der beste Schluss, dass das Meer eine freie Straße ist und immer war, seit der Mensch begann, Schiffe zu bauen«, sagte ich.

Knut lächelte: »Aber wer immer als Erster eines der winzigen Atolle in den Malediven mit einem Segelboot erreicht hat, verdient einen Platz in der Geschichte der Seefahrt.«

Das Muschelgeld der Sklavenhändler

Jan Hogendorn und Marion Johnson

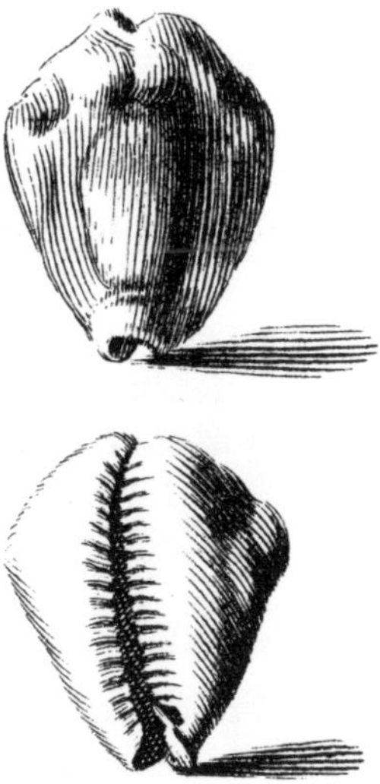

»Verhasste Muschel der Malediven«, die »den Preis von Menschen« bestimmt – das ist die Geldkauri (*Cypræa moneta*, auch *Monetaria moneta*). Während das Wort *kauri* aufs Sanskrit zurückgeht und unverändert aus dem Hindi und Urdu übernommen ist, bezieht sich der lateinische Name auf Zypern, wo Aphrodite (Venus) als Fruchtbarkeitsgöttin verehrt wurde. Viele sahen nämlich in der langen, schmalen Öffnung an der Unterseite der Muschel eine Ähnlichkeit mit der »einen Eingangspforte ins Leben«, um die dezente Anspielung des Grafton Elliot Smith zu zitieren. Von einer Frau am Halsband getragen, konnte die Kauri angeblich eine Empfängnis fördern und die Geburt erleichtern.

Aus der Nähe betrachtet, wirkt der lebende kleine Gastropode (Bauchfüßler) wenig ansprechend. Sein winziger, gestreifter, ziemlich dunkel gefärbter und entschieden schleimiger Körper scheint aus dem Gehäuse hervorzuquellen, und auch die Ernährungsweise des Allesfressers hat etwas Unfeines: Mit seiner bandartigen Zunge verschlingt er Algen, Tang, Polypen, bestimmte Korallen und tierische Abfälle wie halb aufgefressene Fische oder Exkremente. Die getrenntgeschlechtigen Kaurischnecken vermehren sich in ungeheuren Mengen – was sie geradezu prädestiniert als Fruchtbarkeitssymbol.

In unserer Geschichte jedoch stehen andere Eigenschaften im Vordergrund. Kauris sind hervorragend für Handelsgeschäfte geeignet, zumal sie sich präzise nach Gewicht, Umfang, Volumen oder Stückzahl berechnen lassen. Obwohl so leicht – auf ein Pfund kommen etwa vierhundert Stück –, sind sie sehr hart und also äußerst haltbar. Man kann sie streuen, in Säcke füllen, schaufeln, häufen, in der Erde vergraben, über eine Rutsche schütten wie Kies, und doch bleiben sie »rein, adrett, makellos schimmernd und milchig weiß«. Wasser, selbst Bilgewasser, schadet ihnen nicht. Man konnte sie als Schiffsballast verwenden, und hatte man sie am Ende der Reise gewaschen, sahen sie so frisch aus, als wären sie unterwegs sorgsam gepflegt worden. Ferner ist es so gut wie unmöglich, sie zu fälschen. König Gezo von Dahomey sagte dem Forschungsreisenden Sir Richard Burton, er zöge sie aus diesem Grund sogar dem Gold vor. Dennoch lag ihr Stückpreis niedrig, selbst Tausende Meilen von den Küsten entfernt, an denen sie gesammelt wurden. Eine einzelne Muschel war weniger wert als die allergeringste Kupfer-, Bronze- oder Eisenmünze.

In der Geld- und Bankwirtschaft zählt man derartige Attribute – dauerhaft, leicht zu handhaben, transportabel, nahezu fälschungssicher, von marktgerechtem Stückpreis, beschränkt verfügbar, wenig Abfluss in andere Nutzsektoren – als Merkmale einer idealen Grundwährung auf. Zwar galt die Kauri nie als vollkommenes Ideal, doch in Regionen mit niedrigem Pro-Kopf-Einkommen bot sie als Zahlungsmittel durchaus Vorteile.

J. Wilfrid Jackson markiert auf seiner Landkarte die Zone, wo die Geldkauri verwendet wurde: Sie erstreckt sich über die ganze Erde, von Westeuropa und Westafrika bis nach Ozeanien und sogar nach Nordamerika. Zu Recht stellen andere Autoren fest, dass die Muscheln weiter verbreitet waren als irgendeine Münze. Erste Erwähnungen der Kauri stammen aus dem China des Hochaltertums. Paul Einzig datiert ihre Verwendung als Geld in extrem frühe Zeit, wenn er behauptet, schon im 24. Jahrhundert v. Chr. hätten chinesische Invasoren mit Kauris handelnde Ureinwohner vorgefunden. Das mag übertrieben sein. Doch als Marco Polo im 13. Jahrhundert China bereiste, beobachtete er in Yunnan noch vereinzelt den Gebrauch der Muscheln als Währung, während sie damals ansonsten ihren Geldwert verloren hatten. Im 19. Jahrhundert kursierten sie nicht mehr im Handel, wenngleich sie nach wie vor als Schmuckelement geschätzt wurden. Weit verbreitet waren die Muscheln jenseits der Süd- und Südwestgrenzen Chinas in Indochina, Thailand und Birma. Dieser südostasiatische Teil der Kaurizone ist besonders interessant, denn die dortigen Muschelreserven flossen außer von den Suluinseln und aus Indonesien auch von den Malediven.

Doch nirgends bestand größerer Bedarf an der *moneta*, nirgends war sie länger in Umlauf als in Indien (vor allem Bengalen) und in Westafrika. Beide Regionen bezogen ihre Reserven von den Malediven. Wiederholt wurden an prähistorischen Stätten in Indien Kauris gefunden. Sehr früh waren sie als Amulett gegen den »bösen Blick« und als Schmuck für Frauen und Haustiere in Gebrauch. So mancher Experte glaubt, dass sie vor den Eroberungszügen Alexanders des Großen auch in Indien Geldwert besaßen, denn bei Ausgrabungen von Stätten des ersten nachchristlichen Jahrhunderts kamen sie im Zusammenhang mit Münzfunden ans Licht. Knapp siebzig Jahre vor Ankunft der Portugiesen in Indien bemerkte der chinesische Reisende Ma Huan, dass die Kauri im Wirtschaftsleben von Bengalen eine Schlüsselrolle spielte.

Als die Europäer im Indischen Ozean erschienen, bestand der maledivische Ausfuhrhandel mit Kauris schon seit sehr langer Zeit. Er ging von Male aus in zwei Hauptströmen nach

Osten und Westen. Die östliche Route bediente vor allem den bengalischen Markt, reichte aber weiter bis nach Birma, Thailand und möglicherweise China. In Bengalen stellte sie mit Abstand die größte Nachschubquelle dar, und vor Ankunft der Europäer dürfte ihr Handelsvolumen dasjenige der Westroute weit übertroffen haben. Allmählich aber schwand auf den Malediven selbst die monetäre Bedeutung der Kauri. In Bengalen, wo sie noch im 14. Jahrhundert in den Tagen des arabischen Reisenden Ibn Battuta als einzige Währung kursierte, wurde sie im Lauf zweier Jahrhunderte von Metallgeld verdrängt und schließlich ganz ersetzt.

Die Geschichte des Westexports lässt sich nicht mit solcher Genauigkeit verfolgen. Immerhin hatte Ibn Battuta von einem stetigen Kaurihandel mit Südarabien berichtet, wo höchstwahrscheinlich Aden als wichtigster Überseehafen angelaufen wurde. Ausdrücklich erwähnte er die für diesen Transfer eingesetzten jemenitischen Schiffe, und Anmerkungen zur Navigation erlauben den Schluss, dass südarabische Wasserfahrzeuge zu den ständigen Besuchern der Malediven gehörten.

Wurde die Kaurifracht aber tatsächlich regelmäßig in Aden gelöscht, würde dies selbstverständlich Kairo als Umschlaghafen für den frühen Westafrikahandel erklären. Der Segeltörn von Aden nordwärts durchs geschützte Rote Meer und die kurze Überlandstrecke zum Nil sehen auf der Landkarte kinderleicht aus. Das täuscht allerdings. Im oberen Abschnitt dieser See bläst das ganze Jahr über ein ungünstiger Nordwind, sodass Schiffe auf Nordkurs mühsam kreuzen mussten. Doch weiter südlich, sowohl an der West- als auch an der Ostküste des Roten Meers, wurden Waren aller Art umgesetzt, darunter zweifellos Kauris. Von dort führten jedenfalls gleich zwei wichtige Handelswege für die verschiedensten asiatischen Güter nach Norden, und auch die Muscheln konnten also ohne Umstände nach Kairo oder in andere Häfen der Levante kommen. Jahrhundertelang müssen sie über eine der Routen oder beide weiterbefördert worden sein, bis das plötzliche Eindringen der Portugiesen den Strom auf ein Rinnsal reduzierte. Sie landeten am 17. Mai 1498 im indischen Calicut. In nur zwanzig Jahren wuchs Vasco da Gamas kleine Flottille von vier Schiffen zu einer stattlichen Flotte unter aggressiven Befehlshabern wie Albuquerque. Bis auf Weiteres kam der nördliche Indische Ozean unter portugiesische Herrschaft, die Westküste Indiens unter Blockade. Aden wurde 1513 überfallen, Hormus 1515 erobert und besetzt. Daher ist es kein Zufall, dass der erste überlieferte Vertrag für Schiffsladungen von Kauris nach Westafrika aus ebenjenem Jahr 1515 datiert und die Segler, die sie transportierten, unter portugiesischer Flagge fuhren.

Die besondere Art der Gewinnung, des Transports und Vertriebs der Kauris unterschied sich grundlegend von jedem anderen Asienexport oder Afrikaimport. Wer annimmt, sie wären einfach an den Stränden der Malediven aufgelesen und für die Ausfuhr in Schiffe verladen worden, hat sich aus zwei Gründen geirrt. Erstens: War die Kaurischnecke verendet und Wellen und Gezeiten rollten das Gehäuse lange über den Sand, dann hatte der Schmelz gelitten und viel von seinem Glanz eingebüßt. In diesem Zustand war die Kauri brüchig, als Schmuck unbrauchbar und wurde auch als Zahlungsmittel häufig zurückgewiesen oder ergab einen niedrigeren Gegenwert. Zweitens: Wenn die Weichtiere beim Verladen in die Schiffsluken am Leben waren, würden sie es nicht lange bleiben, und nur zu bald würde sich ein erdrückender Gestank ausbreiten. Deshalb sammelte man sie lebend und konservierte sie so, dass die tierische Materie verweste, ehe sie auf den Weg kamen.

Gut belegt sind für die Atolle der Malediven Gewinnungsmethoden von hölzernen Flößen aus oder durch Waten, eher zweifelhaft die Anwendung von Haken. Pyrard beobachtete offenbar als Erster die Watmethode. Er beschrieb, wie bis zur Taille im seichten Meer watende Frauen zweimal im Monat jeweils drei Tage vor und nach Vollmond Kauris sammelten. (Heute geschieht es alle vierzehn Tage bei Ebbe von fünfzehn bis achtzehn Uhr und von sechs bis acht Uhr, und zwar wie einst durch Frauen und Kinder.) Über der Schulter trugen sie einen kleinen, aus Kokosfasern geflochtenen Beutel, den *mohi*. Mit einem kurzen Stock wurden die Kauris von den Korallen geschlagen, an denen sie hafteten. Andere Kauris, die sich an Algen und Tang setzten, ließen sich leicht mit der Hand greifen.

1982 untersuchte Hogendorn in einer Feldstudie, wie weit die heutige Kaurigewinnung traditionellen Mustern entspricht. Nach wie vor wird der Termin von den Gezeiten bestimmt, und den besten Fang erwartet man noch immer zu den erwähnten Stunden. In einem typischen Dorf brechen fünfzig oder mehr Frauen und Mädchen ab etwa zehn Jahren zum Sammeln auf. Der Ertrag eines guten Tages bringt rund fünfzig Kilo. Die Frauen arbeiten in kleinen Gruppen, stehen bis zu den Knöcheln oder Knien im Wasser, bücken sich und klauben Überreste jeder Art vom Grund der Lagune auf. An diesem Bodensatz – zumeist Korallenbruchstücke, verwelkte Palmblätter, Wasserpflanzen, Fischgräten oder alte Konservendosen – haben sich eine, zwei, sechs oder acht, manchmal sogar Dutzende Kauris festgesaugt. Mit der Hand oder einem Stock werden sie in eine halbe Kokosschale (oder eine Plastikschüssel) geklopft, die heute den *mohi* ersetzt.

Die Feldstudie achtete besonders auf die Verarbeitung. In Guraidhoo, einem Kaurisammlerdorf im südlichen Male-Atoll, bat man die Frauen, heutige Methoden von Anfang bis Ende vorzuführen. Bereitwillig hoben sie innerhalb der

Mauern eines Dorfhauses mit einer halben Kokosschale kleine Löcher aus. Daneben lagen andere Gruben, in denen sie früher schon Kauris vergraben hatten. Der lockere Sand ließ sich leicht entfernen. Die in das Loch geschütteten Mollusken lebten zu diesem Zeitpunkt noch. Die Sammlerinnen hier und andernorts wussten nicht, ob die Gruben in der Vergangenheit größer waren, aber sie sagten natürlich, je größer der Fang, desto tiefer die Gruben. Nach ein paar Monaten, mindestens aber zwei Wochen, wurden die Kauris ausgegraben. Als die Frauen ein vor mehreren Wochen gefülltes Loch öffneten, gab es keinerlei üblen Geruch mehr.

Vor dem Export wurden die Muscheln verpackt, gewöhnlich in dreieckige, aus Kokosfaser geflochtene Bündel namens *kotta*. Jedes wog dreizehn bis fünfzehn Kilo und enthielt rund zwölftausend Kauris. Die Bündel wurden am Boden oder Mund mit Kokosgarn fest zugenäht. In Male kamen sie an Bord von Frachtschiffen, deren Heimathäfen auf den Malediven, in Bengalen oder Indien lagen, und bestimmt waren sie für Balasore, Bengalen, Ceylon, seltener für andere Häfen. Manchmal wurde die Fracht auch von europäischen Fahrzeugen übernommen, die von Zeit zu Zeit hier festmachten.

Seit den frühesten Erwähnungen des Kaurihandels der Malediven bis ins 19. Jahrhundert war die Ausfuhr größtenteils fürstliches Monopol. Schon die ersten arabischen Reisenden hatten davon berichtet. Noch im 19. Jahrhundert, als die Schifffahrt zunahm, »wird der gesamte Ex- und Importhandel der Inseln von Male aus betrieben, wohin Erzeugnisse aller Atolle im Austausch gegen andere Produkte gebracht werden«. Herein kamen natürlich hauptsächlich Kauris, die man gegen Reis und Salz tauschte. Dies wurde 1844 eigens vermerkt, als Schiffe der Hamburger Reederei Hertz die Malediven anfuhren.

Gewisse Grundsätze bestimmten den Überseetransfer der Kaurifracht, ob sie nun in einheimischen Seglern nach Indien und Ceylon ging oder von den europäischen Indienfahrern der niederländischen Vereinigten Ostindischen Compagnie V.O.C. und der britischen East India Company übernommen wurde. Alle Schiffe, klein oder groß, benötigten zu ihrer stabilen Lage Ballast. Ohne Schwergewicht am Boden des Fahrzeugs wurde ein Rollen selbst in leichtem Seegang unangenehm, bei Sturm gefährlich. Jedes schwere Material wie Steine, Sand oder alte Anker eignete sich dafür. Aus kommerzieller Sicht jedoch war Ballast, der zugleich Handelsware darstellte und Einkünfte versprach, selbstverständlich vorzuziehen. Den Indienfahrern der europäischen Charterreedereien standen diverse Alternativen zur Verfügung. Grobkörnige Fracht wie Salpeter, Kupfer, Zinn, Dinkel, selbst Zucker kam infrage, auch Porzellan ließ sich verwenden. Die siebzehn Direktoren der V.O.C. hielten Salpeter für den idealen Ballast, da er in der europäischen Munitionsindustrie hohe Preise erzielte. Immer, wenn der Salpeterpreis fiel, stiegen die Kupferimporte in Europa – ein klarer Hinweis auf das jeweils geladene Ballastmaterial. Kauris aber hatten zwei spezielle Vorteile, die sie zu besonders begehrtem Ballast machten: Sie konnten direkt in die Bilge verladen werden, da das Bilgewasser sie nicht verdarb; und sie standen in Ceylon reichlich zur Verfügung, wenn die V.O.C.-Segler von dort heimkehrten. Mitunter nahmen die Holländer Kauris, weil sich zur Zeit der Rückfahrt im November oder Dezember kein anderer Ballast auftreiben ließ und man verständlicherweise unwillig war, mit wertlosen Steinen abziehen zu müssen.

An Westafrikas Küsten kamen die Muscheln bis weit ins 17. Jahrhundert auf Sklaven- oder Frachtschiffen aus Europa, zumeist unter portugiesischer Flagge. Später dominierten Briten und Niederländer, obwohl Portugal weiter präsent blieb und sich daneben auch französische, dänische und noch kleinere Handelsflotten beteiligten. Nord- und südamerikanische Sklavenschiffe konnten selten Kauris laden, außer in Afrika selbst, wo sie vor allem von Brasilianern an Ort und Stelle von britischen Schiffen für den unkomplizierteren Handel an Land aufgekauft wurden.

Wurden die Muscheln von einer Charterreederei mit Kontoren in afrikanischen Küstenstädten verschifft, wie sie zum Beispiel die britische Royal African Company oder die V.O.C. unterhielten, dann übertrug man die Geschäfte in der Regel einem ansässigen Makler, der sie gegen Sklaven und andere Güter tauschte und seine örtlichen Kosten damit bestritt.

Dieser sogenannte »Fort-Handel« stellte an Land Lagerkapazität für Ex- und Importware zur Verfügung und bildete im Allgemeinen den stabileren Zweig der europäischen Westafrikawirtschaft. Die imposantesten derartigen Handelsfestungen an der Goldküste standen am Rand der Kaurizone. Direkt innerhalb davon befanden sich, abgesehen von den Forts von Akkra, nur noch die dänischen Stationen an der östlichen Goldküste und die verschiedenen Forts in Whyda, einem der wichtigsten Umschlaghäfen. Der »Schiffs-Handel« dagegen unterstand in sehr viel größerem Umfang als der Fort-Handel dem Management privater Kaufleute. Er wurde in den afrikanischen Küstenstädten an Buchten, Flussmündungen und Lagunen abgewickelt und dürfte zum Teil die Kauriwährung in Westafrika in Umlauf gebracht haben.

Für den Niedergang des Muschelexports aus den Malediven war unter anderem der Beschluss des dortigen Sultanats verantwortlich, einer Gruppe muslimischer Gujarati-Kaufleute aus Bombay die Ansiedlung auf den Inseln zu gestatten. Diese »Bora« hatten bereits Handelsbeziehungen im Arabischen Meer geknüpft und ein Gemeinwesen in Ceylon etabliert. Anscheinend hoffte der Sultan, sie würden alternative kommerzielle Sektoren ausbauen, was sie in der Folge auch eifrig taten. 1887 besaßen die Bora gerade einmal sieben Firmen auf den Malediven, doch noch vor dem Ende des 19. Jahrhunderts hielten sie ein Monopol über den Außenhandel der Inseln. Die eng zusammenhaltende Gemeinschaft schiitischer Muslime, der die einzige nicht sunnitische Moschee der Malediven gehörte, prägte das heutige Bild des Geschäftsviertels von Male. Im einheimischen Volk stießen sie teilweise auf Feindschaft – sämtliche Läden und Lager der Bora wurden in den Krawallen von 1886 niedergebrannt –, aber ihr Monopol blieb bis ins 20. Jahrhundert intakt, zumal sie eine der ergiebigsten Finanzquellen der Regierung bildeten. Ihre Muttersprache Urdu machten die Bora lange Zeit zur bevorzugten Zweitsprache auf den Inseln. Schließlich, in den 1950er-Jahren, wurden sie von dort verdrängt, hinterließen aber Spuren: Die ehemals auf Kauris und Kokosfasern gestützte Wirtschaft der Malediven war von ihnen auf Fischproduktion umgestellt worden.

Dennoch ist angemessenerweise, wenn auch weitgehend unbemerkt, die tausendjährige Geschichte des Kaurihandels auf den Malediven keineswegs zu Ende. Dieser Wirtschaftssektor hat den endgültigen Abbruch der Kaurizirkulation in Westafrika überdauert. Unkenrufe der 1870er-Jahre erwiesen sich als voreilig, denn der Handel mit *moneta* erholte sich wieder. Die neueren Muschelexporte dienten allerdings nicht als Währung. Auf dem indischen Subkontinent stieg die Nachfrage nach Kauris für dekorative Zwecke, als Rohstoff für die Keramikindustrie und – überraschend – als Arznei. In den letzten Jahrzehnten des 19. Jahrhunderts erlebte die Kauriausfuhr der Malediven denn auch einen bedeutenden Aufschwung. Seither ging er wieder etwas zurück. Von 1971 bis 1980 betrug der Export immerhin noch durchschnittlich 25,5 Tonnen jährlich.

Wie eh und je werden Kauris gesammelt und verschifft, und zwar so ausgiebig, dass Besucher die traditionellen Verfahren eines uralten Gewerbes aus erster Hand beobachten können. Zur Zeit des Neu- und Vollmondes sieht man noch immer Frauen und Mädchen zweimal täglich bei Ebbe in den Lagunen waten. In Male beginnt die Marktsaison für Kauris im September, belebt sich im Januar und dauert bis Mai. Im größten Lagerhaus entdeckten wir etwa zweihundertfünfzig Sack zu je fünfzig Kilo neben Stapeln des heute wichtigeren Exportartikels Trockenfisch. Die Muscheln gehen jetzt zumeist nach Mumbay und Kalkutta, manche nach Madras und Cochin, einige nach Pakistan. Dort erwartet sie ein gänzlich anderes Schicksal als in ihren Tagen als Zahlungsmittel. Ein paar Muscheln verkauft man noch als Schmuck oder für Verzierungen im Haus oder am Geschirr von Zugtieren. Andere enden, zu Pulver zerstampft, in der Produktion von Keramikware. Die spektakulärste Bestimmung eines Großteils der Muscheln ist aber gewiss ihre medizinische Verwendung. Kauripulver mit seinem hohen Kalziumgehalt kommt als Nahrungsergänzungsmittel und Purgativ auf den Markt. Besonders gern verordnen es Praktiker der ayurvedischen Heilkunde, die auch unter Nichthindus beliebt ist.

Die Kaurisammlerinnen der südlichen Atolle blicken skeptisch drein, als sie hören, dass ihre Muscheln in indischen Haushalten als Medizin dienen. Noch weniger mögen sie uns glauben, dass der Ertrag ihres Arbeitsalltags jahrhundertelang in gewaltigen Schiffsladungen zuerst nach Europa und von da nach Westafrika exportiert wurde – als Muschelgeld der Sklavenhändler.

Von Atollen, Korallen und gefährlichen Begegnungen

Irenäus Eibl-Eibesfeldt

Die Malediven schieben sich als natürlicher Riegel in den Seeweg nach Indien. Sie waren daher von den Seefahrern gefürchtet – zu Recht, wie die zahlreichen Wracks bezeugen. Die Inseln sind durchweg flach und bauen sich auf einem Riffkranz auf, der meist eine zentrale Lagune umschließt. Ein solches Gebilde nennt man Atoll. Das Wort leitet sich vom maledivischen »atolu« ab.

Nach der klassischen Theorie von Darwin entsteht ein Atoll, wenn eine vulkanische Insel allmählich im Meer versinkt. In gleichem Maße, wie die Insel absinkt, wächst nämlich das sie umgebende Saumriff in die Höhe, da die Korallen nur im warmen, sonnendurchfluteten Wasser gedeihen. Wegen der nährenden Strömungen an der meerwärts gelegenen Seite wachsen sie dort besser als inselwärts, und so entsteht zwischen Insel und Riff ein immer breiter werdender Kanal. Wenn schließlich die Insel ganz versunken ist, bleibt eine zentrale Lagune, die von einem Riffring umschlossen wird. Stürme fegen dort Korallentrümmer zusammen, und es bilden sich Inseln, auf denen das Leben Fuß fassen kann.

So entstanden viele Atolle der Südsee, wie Bohrungen im Eniwetok-Atoll erst vor Kurzem bewiesen: Nachdem man 1200 Meter Korallenkalk durchbohrt hatte, stieß man auf vulkanisches Gestein. Bei den Malediven liegen die Verhältnisse allerdings anders. Die Besonderheit der ineinandergeschachtelten Atollsysteme kann jedoch nicht durch Absinken von

Vulkaninseln erklärt werden. Es ist selbst aus vielen Großatollen zusammengesetzt, von denen jedes wiederum aus einer Reihe kleiner Atolle besteht. Besonders im Norden werden die Ringe der Großatolle immer weiter; die Riffringe sind an vielen Stellen durchbrochen und verbinden die zentrale Lagune mit dem offenen Meer.

Durch sie strömt frisches Meerwasser ein, und dieser Kreislauf gestattet auch in der Lagune üppiges Korallenwachstum. An verschiedenen Stellen wachsen Korallenpilze bis knapp unter die Oberfläche. Und nun folgt, wie Hans Hass nachwies, allein aus den Gesetzmäßigkeiten des Korallenwachstums die Bildung neuer Atolle. An ihrer Außenseite wachsen die Korallenpilze weiter, immer mehr in die Breite. Das Zentrum dagegen verödet und versandet, da die Lebensbedingungen für Korallen ähnlich ungünstig sind wie an der inselwärtigen Seite eines Saumriffes. Je größer der Korallenpilz, desto größer die versandete Zone, die sich durch Umkristallisierung des ursprünglich lockeren Materials und durch die dauernde Massage beim Gezeitenwechsel immer mehr vertieft; denn bei Ebbe staut sich das Wasser innerhalb des Atollrings und drückt auf den Boden der Lagune.

Bei Stürmen werden die Korallen des Außenriffabhanges ab- und hochgerissen, über die Riffplatte gefegt und schließlich zu einem Wall aufgetürmt. So entstehen über die Wasseroberfläche reichende Geröll- und Sandbänke, die sich zu Inseln festigen. Haben erst einmal die stelzwurzelige Schraubenpalme *(Pandanus)*, der großblättrige Scaevolastrauch und die schlanke Kokospalme Wurzeln geschlagen, dann kommen auch die ersten Landtiere. Ein einziger Strauch genügt, um eine interessante Lebensgemeinschaft aufzubauen. Die ersten Pioniere der Tierwelt sind Landeinsiedlerkrebse, Seevögel und Insekten. Ihnen folgen Eidechsen, Landvögel und zuletzt auch der Mensch. Das überaus Reizvolle an Inseln ist die Überschaubarkeit ihrer Lebensgemeinschaften. Das gilt im Besonderen für Atollinseln, die ja nur wenigen Tier- und Pflanzengattungen Lebensmöglichkeiten bieten. Dennoch finden wir verschiedene diskrete Lebensgemeinschaften mit einer Reihe besonderer Anpassungsformen. Aus diesem Grunde ist es für den Naturfreund immer ein besonderes Erlebnis, eine Insel anzulaufen.

Wenn wir an schönen Frühlingstagen durch Wiesen und Wälder streifen, wird uns kaum entgehen, dass jede dieser Landschaften ihre eigenen charakteristischen Bewohner hat. Vergebens schauen wir im Hochwald nach einer Lerche oder auf einer Wiese nach einem Eichhörnchen aus. Gehen wir ins Detail, dann stellen wir bald fest, dass Wald und Wiese ihrerseits wiederum in zahlreiche kleinere Lebensbereiche unterteilt sind: An jener sonnigen Wiesenböschung leben Grabwespen, die auf dem weniger stark geneigten Boden unmittelbar daneben fehlen. Und auf dem kleinen Steinriegel nebenan, aber nur dort, sonnen sich ein paar Eidechsen. Im Großen wie im Kleinen bieten diese verschiedenen Lebensräume jeweils andere Möglichkeiten der Existenz und erfordern daher von ihren Bewohnern jeweils andere Anpassungen.

Eine vergleichbare Mannigfaltigkeit an Lebensräumen finden wir auch unter Wasser. Da gibt es Tangwälder, Seegraswiesen, öde, unbewachsene Sandflächen und reich zerklüfteten Felsgrund, um nur ein paar Beispiele zu nennen. Auf den Felsen kann man sich festsetzen, und in den Spalten und Höhlen kann man sich verstecken. Solche Möglichkeiten fehlen auf dem Sand. Dort muss man sich vergraben oder flach auf den Boden legen können und eine passende Tarnfarbe haben.

Von der Verschiedenartigkeit der Lebensräume unter Wasser gibt uns ein Atoll eine besonders gute Vorstellung; bevor wir aber in die einzelnen Zonen beobachtend eindringen, wollen wir uns einen Überblick verschaffen.

Ein Atoll weist eine sehr charakteristische Großgliederung auf. Wir unterscheiden ein windausgesetztes Außenriff, ein leeseitiges Innenriff, eine Lagune mit Lagunenriffen, ein windseitiges Innenriff und ein leeseitiges Außenriff. Die unterschiedliche Stärke der Wellenbewegungen und Strömungen schafft unterschiedliche Lebensbedingungen, die besonders daran angepasste Lebensgemeinschaften erfordern. In der Lagune ist das Wasser relativ ruhig, das Innenriff ist daher weniger starkem Wellenschlag ausgesetzt als das Außenriff. Bei größeren Atollen allerdings kann auch das luvseitige Innenriff einer stärkeren Brandung ausgesetzt sein. Leeseitige Innenriffe sind meist sehr ruhig. Heftige Wasserbewegungen prägen dagegen den Charakter des windausgesetzten Außenriffes. Ganz besondere Bedingungen herrschen in den Riffkanälen, durch die bei Ebbe und Flut das Wasser mit wechselnder Richtung in die oder aus der Lagune strömt.

Am luvseitigen Außenriff peitscht bei Flut eine donnernde Brandung die Wellen am Ufer hoch, Korallentrümmer und Treibgut vor sich herfegend. An der Luvseite der Außenriffe finden wir einen richtigen Wall aufgeworfenen Materials. Bei Ebbe dagegen rauschen die Brecher etwa hundert bis zweihundert Meter vom Ufer entfernt über die Riffkante. Wandern wir meerwärts, dann betreten wir zunächst die Riffplatte. Kalkalgen haben Korallentrümmer und Sand oft zu einer festen Platte zusammengekittet; dazwischen liegen lose Korallentrümmer und Sandinseln. Teile der Riffplatte liegen bei Ebbe trocken. Hier klettert der Schleimfisch *(Istiblennius periophthalrraus)* auf den nassen Felsen umher und weidet Algen. Die helloliv- bis sandfarbenen Fischchen schnellen sich in kleinen Sprüngen mit dem Schwanz vorwärts. Kommt eine Welle, dann saugen sie sich mit dem Maul fest, sodass sie nicht weggespült werden. Aufmerksam mustern sie mit ihren großen, vorquellenden Augen die Umgebung, mit ihrem runden

Kopf richtig umherblickend. Bei Gefahr flüchten sie zwischen das Geröll, bleiben aber immer am Ufer. Bei tiefer Ebbe warten sie in flachen Gezeitentümpeln auf die Flut. Oft bleibt ihr Oberkörper der Luft ausgesetzt. Sie befeuchten ihn, indem sie sich schnell auf die Seite wälzen.

In den flachen Gezeitentümpeln der Riffplatte warten Grundeln, kleine Riffbarsche, junge Sträflingsseebader, Schmetterlingsfische, Schnecken, Seeigel und anderes Getier auf die Flut. An sonnigen Tagen erwärmt sich das Wasser in solchen Tümpeln auf 38 bis 40 Grad Celsius, und das halten nur einige Fische aus. Es bereitet Vergnügen, den Grundeln und Schleimfischen zuzusehen, weil sie sich so »intelligent« benehmen. Grundeln und Schleimfische haben eine Reihe bemerkenswerter Anpassungen an das Bodenleben entwickelt. Bei einigen Arten hat man zum Beispiel ein ganz erstaunliches Lernvermögen nachgewiesen.

Zu den häufigsten Bewohnern der flachen, von den Wellen oft wie leer gefegten Riffplatte gehören die Schlangensterne. Bei Ebbe kriechen unglaubliche Mengen von ihnen aus Spalten und Höhlen, um nun an der Oberfläche der verbliebenen flachen Tümpel zu fressen. Die Technik ist sehr eigenartig. Mit zwei Armen bleibt das Tier in seiner Spalte oder Wohnhöhle verankert, in die es sich auch bei Gefahr schnell zurückzieht. Die verbliebenen drei Arme breiten sich mit der Unterseite flach unter der Wasseroberfläche aus und fischen nun, indem sie sich mit einer komplizierten Koordination gegeneinander zu- und wegbewegen, an der Oberfläche Treibendes. Streut man gefärbtes Pulverfutter auf das Wasser, sieht man, dass die Partikelchen in Schleim gebunden und danach durch koordinierte Bewegungen der Ambulakralfüßchen als Schleimwurst zum Munde transportiert werden. Die Schlangensterne sind übrigens territorial. Sic schubsen einander mit den Armen, und der Schwächere zieht sich zurück oder weicht aus.

Schlangensterne gehören zu den häufigsten Stachelhäutern des Riffes. Dreht man einen Korallenblock um oder zerschlägt man ihn, dann findet man sie stets darin. Sie sind aber scheu und verstecken sich schnell wieder. Auf Schlick- und Sandböden vergraben sie sich tagsüber im Boden. Nachts verlassen sie ihr Versteck und halten zwei oder drei ihrer Arme senkrecht vom Boden weg in die Strömung, um Plankton zu fischen. In Mulden der Riffplatte stößt man bisweilen auf große Korallentrümmer. Sie sind tot und veralgt. Dreht man sie um, dann entdeckt man kleine Krabben, Anemonen, eilig davonlaufende Schlangensterne und kleine Kaurischnecken. Man verwendete sie früher als Geld. Ist die Unterseite genügend ausgehöhlt, dann wachsen auf der Riffplatte auch bunte Schwämme. Kurz, der tote graubraune Felsblock beherbergt eine reiche Lebensgemeinschaft.

Seewärts senkt sich die Riffplatte allmählich bis zu einem halben Meter. Hier wachsen bereits knollige Korallenstöcke, in deren Höhlen sich Husarenfische, Muränen, kleine Schleimfischchen und Riffbarsche verbergen. Auch Schmetterlingsfische, Lippfische und Papageifische trifft man an. Auf den Sandflächen leben Grundeln und Schleimfische. Seebarben durchsieben den Sand nach Nahrung, Sträflingsseebader, Picassofische und andere weiden Algen. Räuberische grüne Lippfische mit rosa gemustertem Kopf *(Thaıassoma hardtwicke)* huschen eilig über die weite Fläche. Weiterschreitend kommen wir zuletzt an einen bis zu einem Meter hohen, aus Kalkalgen aufgebauten Wall. Er bezeichnet die Außenriffkante, und hier brechen sich die Wellen bei Niedrigwasser. Bis zu drei Meter tiefe und ebenso breite Brandungsrinnen durchbrechen den Wall. Dieses Rinnensystem wird durch das ablaufende Wasser ausgewaschen. Diese Kanäle erlauben es dem Taucher, die Brandung an der Riffkante zu untertauchen. Ohne sie wäre das Außenriff von der Landseite her oft unzugänglich, und auch so ist das Tauchen hier gelegentlich noch riskant genug.

Am Kalkalgenwall fällt das Riff als steile Böschung oder sogar als senkrechte Wand in die Tiefe ab. Hier entfalten sich Stein-, Horn- und Lederkorallen zu üppigster Pracht, und ein buntes Fischleben umspielt diese unterseeischen Gärten. Erst ab dreißig Meter Tiefe werden die Korallen wieder seltener, dafür entfalten sich die Schwämme üppiger. Schließlich verschwinden die Korallen ganz. Sie brauchen das Sonnenlicht, da sie in ihrem Weichkörper Algen beherbergen, die ihnen durch die Verarbeitung giftiger Stoffwechselprodukte nützen.

Bei den Malediven enden die steileren korallenbewachsenen Hänge in etwa vierzig Metern Tiefe. Es folgt eine öde Schutthalde. Sand, Korallentrümmer und Muschelschalen bedecken den Boden, in dem bisweilen Röhrenaale siedeln. Vereinzelt sieht man auch noch Peitschenkorallen wie verbogene Drähte ins Wasser ragen. Das dämmerige Licht erlaubt keine weitere Sicht.

Wir sind dennoch bisweilen tiefer geschwommen. Wenn sich dann oben eine Wolke vor die Sonne schiebt, wird es hier unten auf einmal sehr dunkel, und man ist froh, einen Gefährten an seiner Seite zu wissen. Große Haie treiben sich in dieser Zone herum. Und gerade hier, wo größere Vorsicht geboten ist, weicht die Vernunft dem Tiefenrausch. Angstlosigkeit und ein Hochgefühl des Glücks lassen einen die Vorsicht vergessen, und erst wenn man wieder hochschwimmt, taucht man wieder in bewusste Gegenwart.

Oft trafen wir in dreißig bis vierzig Metern Tiefe auf große Höhlen, die Hass als alte Brandungskehlen deutete. Während der Eiszeit war ja in den Polkappen viel Wasser gebunden; als Folge senkte sich der Meeresspiegel, je nach dem Ausmaß der Vereisung zu den verschiedenen Kaltzeiten. Die Höhlen selbst waren bisweilen unbeschreiblich schön, so jene des

Miladummadulu-Atolls, die mir unvergesslich bleiben. Um die gewaltigen Höhleneingänge wuchsen meterhohe violette Venusfächer, auf denen entfaltete Haarsterne wie Blüten saßen.

Im dämmerigen Licht einer solchen Höhle schlief ein vier Meter langer Ammenhai. Das gemütliche Riesentier erschrak noch mehr als ich und schwamm rasch davon, begleitet von einem Schwarm kleiner Lotsenfische, die eilig vor seiner Schnauze einherschwammen. Für lange Zeit ließ der Hai sich übrigens nicht vertreiben. Nachdem er einen weiten Bogen geschwommen war, kam er wieder zurück und legte sich auf dem Boden zur Ruhe. Die ganze Höhlenwand war mit roten und violetten Schwämmen, gelben und weißen Weichkorallen, Zackenaustern und anderen Tieren besetzt. Im Blitzlicht erschienen die Höhlenwände als rot und gelb gemusterte Palette. In den tiefen Klüften drängten sich Hunderte von roten Husarenfischen.

Diese großäugigen, dreißig bis vierzig Zentimeter langen Fische scheuen das Tageslicht. Erst nachts schwimmen sie umher. Es fiel mir auf, dass viele auf dem Rücken schwammen. Offenbar orientieren sie sich mithilfe des sogenannten Licht-Rücken-Reflexes. Sie kehrten ihren Rücken der Lichtquelle zu. Da hier das Licht vom Sandboden des Höhleneinganges ins Innere der Höhlen geworfen wurde, drehten sie sich auf den Rücken. Eine solche Art der Orientierung scheint mir für einen in Höhlen lebenden Fisch ganz zweckmäßig zu sein. Er richtet sich nach dem Höhleneingang und findet so immer hinaus. Wassertiere, die sich nach diesem Prinzip orientieren, kann man im Aquarium mit einer Lichtquelle in jede beliebige Lage bringen. Beleuchtet man das Aquarium zum Beispiel von unten, dann kippen die Tiere auf den Rücken.

Tiefer in den Höhlen saßen unglaublich viele Langusten. Ihre langen Fühler wedelten einladend. Viele Stunden saßen wir in der Mitte des Außenriff-Abhangs und sahen in das freie Wasser hinaus. Fischschwärme zogen dort auf und ab: silbrige Füsiliere, räuberische Stachelmakrelen, Ährenfischchen und viele andere, von denen wir noch mehr hören werden. Knapp unter der Oberfläche lauerten einzelne große Pfeilhechte und Trupps von Halbschnabelhechten und Hornhechten. Auch Haie waren an solchen Außenriffen regelmäßig anzutreffen.

Während alles Leben über Wasser an die Erdoberfläche gebunden ist – auch der Vogel erhebt sich nur vorübergehend in die Lüfte –, entfaltet sich das Leben im Wasser in allen drei Dimensionen. Auch im freien Wasser gibt es eine wohl ausgewogene Gemeinschaft von Lebewesen, die zeitlebens vom Boden unabhängig sind. Man nennt diese Lebensgemeinschaft das Pelagial, zum Unterschied von Benthal, der Lebensgemeinschaft der Meeresböden. Die Grenze ist natürlich keineswegs scharf. Viele Formen des Bodens machen ihre Entwicklung im freien Wasser durch, und eine ganze Reihe von Fischen und anderen Tieren sucht sowohl im freien Wasser wie am Riff Nahrung. Halbschnabelhechte und Hornhechte sah ich jedoch noch nie am Grunde fressen. Sie bewohnen, wenn auch stets in Riffnähe, die oberste Wasserschicht. Eine ganze Reihe von Tieren lebt schließlich weitab von jedem Riff auf hoher See. Das erfordert wiederum besondere Anpassungen. Viele tarnen sich durch ein bläuliches Farbkleid, das an ihrer der Wasseroberfläche zugekehrten Körperseite dunkler ist als unten. Die Fliegenden Fische entwickelten besondere Fluchtmethoden, indem sie über die Wasseroberfläche hinausspringen und auf Gleitflossen dahinsegeln.

Wie sich dieses Verhalten entwickelt haben mag, kann man durch den Vergleich des Verhaltens verschiedener Fischarten rekonstruieren. Zunächst einmal gibt es sehr viele Fische, die sich durch einen Sprung über Wasser dem Zugriff eines Raubfisches kurzfristig entziehen. Viele dieser Fische tauchen dabei wieder Kopf voran ins Wasser ein, wie zum Beispiel die Meeräschen. Manche allerdings tauchen nach dem Sprung den Schwanz voran ins Wasser. Sie vermögen nun durch sehr schnelle Schläge der nach unten verlängerten Schwanzflosse diesen Unterstützungspunkt so rasch vorwärtszutreiben, dass er den Schwerpunkt des schräg in die Luft ragenden Körpers beinahe einholt. Innerhalb der Unterordnung der Flugfische kann man Übergangsreihen von solchen flugunfähigen Oberflächenläufern zu Fliegenden Fischen aufstellen. Am Anfang dieser Entwicklungslinie stehen Formen wie etwa der Hornhecht *(Belone belone)*, am anderen Ende die verschiedenen Gattungen der Fliegenden Fische, die mithilfe ihrer zu Tragflächen verbreiterten Brustflossen zum Gleitflug befähigt sind. Mit eingetauchtem Schwanz auf der Wasseroberfläche laufend, beschleunigen sie ihr Tempo, bis sie sich schließlich in die Luft erheben. Sinken sie wieder ab, dann tauchen sie zuerst ihren Schwanz ins Wasser ein und können, ohne ganz einzutauchen, neuerlich Anlauf für einen Gleitflug nehmen. Fliegende Fische können bis zu fünfzig Metern segeln. Sie entwickeln dabei Geschwindigkeiten von fünfundfünfzig Kilometer pro Stunde. Mit wiederholten Anläufen können sie mehr als zweihundert Meter in der Luft gleiten. Beim Oberflächenlaufen schlägt die Schwanzflosse bis zu fünfzigmal pro Sekunde.

Alle Organismen der hohen See müssen sich in einer für sie günstigen Wasserschicht halten können. Das »Wie« ist auf ganz verschiedene Weise gelöst worden. Kleine Tierchen, die Fisch- und Krebslarven, vermindern die Absinkgeschwindigkeit durch die Ausbildung von langen Körperfortsätzen, die den Reibungswiderstand im Wasser erhöhen. Fast alle Tiere, die vom Bodenleben zu einem Leben im freien Wasser übergehen, bauen ferner ihre Skelette ab. Das leichte Knorpelskelett der Haie ist dafür ein Beispiel. Und viele nehmen große Wassermengen in ihren Körper auf, um ihr Gewicht dem umgebenden Wasser anzugleichen. Eine Rippenqualle besteht zu 99 Prozent aus Wasser. Es gibt Tintenfische, die so wasserhaltig sind, dass man durch ihren Körper hindurch eine Schrift lesen kann.

Darüber hinaus lagern viele Tiere Stoffe ein, die spezifisch leichter sind als Wasser. Viele Krebschen speichern Öltröpfchen, Haie und andere Fische Fett; viele Wassertiere schließlich verwenden Luft als Auftriebmittel: so die Veilchenschnecke, die sich mit einem Schaumfloß, das sie selbst herstellt, an der Oberfläche hält; die Nacktschnecke *(Glaucus),* die Gasblasen im Darm hat. Das Perlboot *(Nautilus),* ein Tintenfisch, besitzt ein gekammertes luftgefülltes Gehäuse, das äußerlich an eine Schneckenschale erinnert. Schließlich kann man in diesem Zusammenhang noch einmal auf die Schwimmblase der Fische verweisen, die allerdings zunächst eine ganz andere Funktion hatte. Sie wurde nämlich gar nicht im Meere entwickelt, sondern von Süßwasserfischen, die als Bewohner sauerstoffarmer Gewässer ein zusätzliches Atmungsorgan benötigten, wie das bei den Lungenfischen heute noch der Fall ist. Nachdem jedoch diese »Erfindung« einmal gemacht worden war, konnte der Fisch sie auch anders nutzen. Es bildete sich die Schwimmblase, die viele Fische heute noch durch Luftschlucken füllen. Bei anderen steht die Schwimmblase nicht mehr mit der Außenwelt in Verbindung, sie wird vielmehr durch eine Gasdrüse gefüllt. So ausgerüstet, haben viele Knochenfische das Meer erobert.

Wir haben uns etwas länger am Außenriff aufgehalten und wollen uns nun dem Innenriff zuwenden. Den schönen weißen Lagunenstrand peitschen keine heftigen Wellen. Allmählich fällt der Sandboden ab. Die sandige Innenriffplatte ist oft mit Seegras bewachsen, einer Blütenpflanze aus der Familie der Laichkrautgewächse, die unter Wasser richtige Wiesen bildet. Viele Fische dieser Wiesen sind grün, wie einige Papageifische der Gattung *Leptoscarus,* einige Lippfische (*Cheilio* und andere), Schleimfische *(Pavoclinus)* und manche Schildbäuche *(Gobiesocidae),* die sich wie Grundeln mit ihren zu Saugnäpfen umgewandelten Bauchflossen an den Pflanzen festsaugen. Dazu kommt eine ganze Reihe von Besuchern, die man auch im Korallenriff antrifft, so vor allem Kaninchenfische und Seebader. Schmetterlingsfische und Engelfische sind hier seltener.

Bereits in ein bis zwei Meter tiefem Wasser gedeihen Korallen. Zunächst sind es meist runde Poritesblöcke von ein bis zwei Metern Durchmesser, um die, ganz ähnlich wie am Außenriff, eine bunte Fischgesellschaft lebt. Solche Korallenblöcke sind richtige Oasen in der Sandwüste. Hier trifft man bereits Engelfische, Schmetterlingsfische und Papageifische, die nebenan auf dem Sande fehlen.

Nahe der Innenriffkante ist der Korallenwuchs üppig. Dichte Hecken und Büsche von Hirschhornkorallen bedecken den Boden, sodass man von einem Korallendickicht sprechen kann. An der Innenriffkante fällt das Riff als steile Böschung zu dem etwa vierzig Meter tiefen Lagunenboden ab. Die Korallen sind zunächst sehr üppig entwickelt, und zwar wiederum mit vielen zart verästelten Formen, einzelne mächtige Korallenstöcke können sich pilzartig am Abhang erheben. Der Lagunenboden ist meist mit Sand bedeckt. Nur wenige Korallen siedeln verstreut in kleinen Gruppen. Wo allerdings Riffkanäle den Atollring zersprengt und der Lagune frisches Wasser zugeführt haben, wachsen große Korallenblöcke vom Lagunenboden hoch und bilden Miniaturatolle.

Die Fischwelt des Innenriffs unterscheidet sich von der des Außenriffs in mancher Weise. Kugelfische, Igelfische und Kofferfische kommen am Innenriff in seichtere Regionen als draußen. Der Riffbarsch *Dascyllus aruanus* ist am Innenriff häufiger als am Außenriff. Dagegen findet man dort große

Schwärme der Riffbarsche *Chromis dimidiatus*, Rötlinge *(Anthias squamipinnis)* und blaue Drückerfische *(Odonus niger)*, die alle in dichten Wolken über der Riffwand stehen, in deren Höhlungen sie bei Gefahr flüchten.

Auch hinsichtlich der Wassertiefe sind viele Fische auf bestimmte Zonen beschränkt. So gibt es bei den Malediven zwei Pfauenaugenbarsche: Der braune, blau gefleckte Pfauenaugenbarsch *(Cephalopholis argus)* wird in fünfzehn bis zwanzig Metern Tiefe von einem roten, blau gefleckten *(Cephalopholis miniatus)* abgelöst. Das soll nicht heißen, dass man nicht bisweilen einen Bewohner des seichten Wassers auch in größerer Tiefe antrifft und umgekehrt. Im Allgemeinen haben jedoch die verschiedenen Arten ihre bevorzugten Zonen.

Die Bewohner eines Riffes haben sich aber nicht nur räumlich eingemischt. Sie teilen ihren Lebensraum auch zeitlich. Tagsüber sind andere Fische unterwegs als nachts. Die Papageifische und Seebader verstecken sich nachts. Dafür kommen die Kardinalfische, Großaugenbarsche und Muränen aus den Verstecken, in denen sie tagsüber verweilten. Die Muränen beschleichen ihre Beute im Schutze der Dunkelheit. Sind sie aus irgendeinem Grunde einmal tagsüber unterwegs, dann lösen sie bei vielen Fischen die Reaktion des »Hassens« aus. Bei den Malediven sah ich zum Beispiel, wie ein Schwarm von Füsilieren *(Caesio)* von allen Seiten auf eine frei im Riff liegende Muräne herabstieß, so lange, bis sie sich versteckte. In einer interessanten Parallele werden Eulen von Singvögeln angegriffen, wenn man sie am hellen Tage ins Freie setzt.

Als Jäger der Nacht orientiert sich die Muräne vor allem mit ihrem Geruchssinn. Daran ist die Verteidigungstaktik der Tintenfische angepasst, die zu ihren Opfern gehören. Die Tintenfische stoßen auf der Flucht eine Flüssigkeit aus, die den Geruchssinn des Räubers vorübergehend betäubt. Einige

Male bin ich nachts mit der Taschenlampe im Riff herumgeschwommen. Von dem bunten Gewimmel der Fische ist dann nicht viel zu sehen. Die Schmetterlingsfische, Seebader, Korallenbarsche und Kaninchenfische schlafen zwischen den Korallenzweigen und in Korallenhöhlen. Viele andere, wie die Lippfische, verkriechen sich im Sand und hüllen sich in ein Nachthemd aus Schleim. Dafür schwimmen die durchscheinenden Kardinalfischchen und die großäugigen Husarenfische herum. Ein solcher nächtlicher Ausflug ins Riff ist etwas eigenartig Erregendes. Stößt man an die Korallenstöcke, dann leuchten viele kleine Tiere grünlich auf; wie ein Funkenregen huscht die Erscheinung über den Stock. Manchmal kann es aber auch unangenehm werden. Einmal wurde ich zum Beispiel von einem ganzen Schwarm parasitischer Krebse überfallen. Diese einen Zentimeter langen Tiere stachen mich mit ihren Mundwerkzeugen, was brennend schmerzte. Ich war sehr schnell aus dem Wasser und blutete aus vielen kleinen Wunden. Ich zog es daraufhin doch vor, die Korallenriffe in den Tagesstunden zu erforschen.

Jeder größere Korallenstock ist eine Welt für sich. Auf den abgestorbenen Teilen wachsen rote, gelbe, violette und grüne Schwämme, Lederkorallen, Hornkorallen, Moostierchen und Manteltiere. Röhrenwürmer entfalten hier ihre rot und weiß geringelten Tentakelkränze wie Blüten. Berührt man sie, dann zucken sie in ihre Röhren zurück, deren Eingang oft mit einem scharfen Dorn bewehrt ist. In den Nischen sitzen Seeigel und Schlangensterne, und am Abend kriechen die Seegurken aus ihren Verstecken und halten von einem Vorsprung aus ihre klebrigen Tentakel fischend in die Strömung. Die Wurmschnecken fischen mit Schleimfäden, die sie von Zeit zu Zeit einziehen und samt den daran haftenden Tierchen auffressen.

Wie erstaunlich viel um solch einen Korallenstock herum lebt, merkt man eigentlich erst, wenn man einen Stock abmeißelt und an Bord zerlegt. Da findet man zwischen den Korallenzweigen Fischchen, die man vordem nicht sah, so versteckt hausen sie. Kleine Grundeln *(Gobiodon)* sind es und Pelzgroppen *(Caracanthus),* die sich durch Abspreizen der stachelbewehrten Kiemendeckel so fest zwischen die Korallen verklemmen, dass man Ast für Ast wegbrechen muss, um sie unversehrt herauszuholen. Man findet von einer Art immer nur ein paar auf einem Korallenstock. Die Fischchen sind territorial. Jedes Paar verteidigt gemeinsam seine Wohnkoralle.

Ähnliche Verspreizeinrichtungen haben sich auch bei vielen anderen Riff-Fischen entwickelt. Bei den Drückerfischen wird der erste, besonders kräftige Strahl der Rückenflosse aufgerichtet und in dieser Stellung durch den zweiten Rückenflossenstrahl fixiert, ohne dass der Fisch dazu weitere Kraft aufwenden müsste. Es ist kaum möglich, einen verspreizten Fisch unversehrt aus seinem Loch zu ziehen, zumal er sich auch mit einem Dorn der Bauchseite festklemmt.

Beim Zerlegen einer Koralle entdeckt man auch regelmäßig kleine Krabben, wie zum Beispiel die rot getüpfelten Korallenkrabben der Gattung *Trapezia* sowie Vertreter der Gattung *Tetralia.* Erstere findet man auf pocilloporiden Korallen, Letztere auf akroporiden. Auf einem Korallenstock lebt immer nur ein »verheiratetes« Paar. Die Tiere kennen sich individuell. J. Knudsen beschrieb, dass diese Krabben mit besonderen an den Beinen befindlichen Bürstenorganen den Schleim der Korallenpolypen abbürsten. Sie nehmen dabei den Schleim auf, von dem sie sich ernähren. Ich vermute, dass sie dabei auch von Kleintieren zehren, die auf dem Schleim der Korallenpolypen kleben geblieben sind.

Merkwürdige Korallenbewohner sind die Pistolenkrebschen. Mit ihrer fast körperlangen Schere betäuben sie Fische, die ihnen als Nahrung dienen. Sie halten dem Fisch ihre Schere wie eine Pistole entgegen. Ist der Krebs nahe genug an sein

Opfer herangekommen, dann klappt der aufgerichtete Finger der Schere rasch zu; ein Fortsatz des Scherenfingers drückt indessen Wasser aus dem Gegenlager, das durch eine Rinne nach vorne herausspritzt. Die Erschütterung ist bisweilen so stark, dass Akkumulatorengläser, in denen man die höchstens fünf Zentimeter langen Krebschen hielt, zersprangen. Das Treiben dieser Krebse erfüllt das Riff mit Knistern und Knacken. Auch sie besiedeln immer paarweise einen Korallenstock.

Aber nicht nur die Korallen, jeder Seeigel, jede Muschel, jeder Schwamm beherbergt eine eigene Lebewelt an Fischen und Krebschen. In Seegurken und Muscheln leben zum Beispiel die schlanken, durchscheinenden Eingeweide-Fischchen (*Carapus*, früher *Fierasfer*). Nach einem kurzen planktontisch verbrachten Larvenstadium dringt der Fisch im zweiten Larvenstadium in die Seegurke ein und verwandelt sich in eine Jugendform, die die Wasserlunge der Seegurke durchstößt, um in deren Leibeshöhle zu gelangen. Während Jungfische Kopf voran in die Seegurke einschlüpfen, haben erwachsene Fische eine ganz besondere Methode entwickelt. Der Fisch prüft zunächst mithilfe seines Geruchssinnes die Seegurke und sucht die Afteröffnung, die er am ausströmenden Wasser erkennt. Er steckt zunächst die Schnauzenspitze in deren After, dann biegt er seinen Körper so, dass die Schwanzspitze am Kopf vorbei in den After der Seegurke eindringt. Dann wartet er, wohl damit die Seegurke sich an den Reiz gewöhnt. Nach fünf bis dreißig Minuten schlüpft er dann zügig ein. Zuletzt schaut nur der Kopf heraus, dann verschwindet das Tier ganz in der Wasserlunge und dringt von dort in die Leibeshöhle ein, wo es als Parasit von den Geschlechtsdrüsen frisst. Der bis zu fünfzehn Zentimeter lange Fisch ist also ein Parasit. Er verteidigt seine Seegurke gegen Rivalen. Es gibt Arten, die paarweise eine Seegurke bewohnen.

Eine ganze Reihe von Korallenbewohnern hat sich in den

Kalk eingebohrt, zum Beispiel Muscheln *(Lithodomus),* die den Kalk mithilfe von Kohlensäure auflösen, bohrende Schnecken und der Bohrschwamm *(Cliona),* der die Oberfläche des Gesteins porös durchsetzt. Die Weibchen der Gallenkrabben *(Hapalocarcinus)* lassen sich von den Korallen umwachsen. Zeitlebens sitzen sie in ihrer Kammer, nur durch ein kleines Loch mit der Außenwelt verbunden, durch das sie ihre Nahrung hereinstrudeln. Die viel kleineren Männchen können sie dort besuchen. Damit ist die Liste der Bewohner noch keineswegs erschöpft, aber wir wollen ja hier nicht alle nennen, sondern auf einige Anpassungstypen hinweisen.

Die Einnischung der Wirbellosen in die verschiedensten Kleinlebensräume ist erstaunlich. Erst kürzlich fand ich in den Ambulakralrinnen großer *Astropecten*-Seesterne winzige Garnelen. Sie hatten sich farblich perfekt an diese Rinne angepasst. Der Seestern war gelb, nur die Rinne war violett, und ebenso violett waren die Krebschen. Auf Seeigelstacheln wiederum findet man Garnelen, die in Form und Farbe geradezu perfekt an die Stacheln angepasst sind.

Kürzlich beschrieb H. Schuhmacher eine interessante Vergesellschaftung einer *Periclimenes*-Garnele *(Periclimenes imperator)* mit einer großen, auffällig rot gefärbten marinen Nacktschnecke. Er fand auf den bis zu achtundzwanzig Zentimeter großen Schnecken immer ein Pärchen jener Garnele. Die Krebschen weideten, was sich im Schleimteppich an der Körperoberfläche der Schnecke verfing, und sie untersuchten auch den Schneckenkot nach Genießbarem. Sie verließen die Schnecke nur bei deren Tod freiwillig. Gescheucht, versteckten sie sich zwischen den Kiemen. Sie waren in ihrer Färbung der Schnecke gut angeglichen und machten auch deren Variabilität durch Farbwechsel mit. Bemerkenswert ist, dass sich diese Krebschen auch auf der schwimmenden Schnecke zu halten vermögen. Sie spazieren sogar während des Schwimmens auf ihrem Rücken umher! Die Schnecken sind offenbar ungenießbar und bieten damit ihren Gästen zusätzlich zum Weidegrund auf ihrer Körperoberfläche einen sicheren Aufenthalt. Ob auch die Schnecke aus dieser Beziehung Vorteile gewinnt, ist noch ungeklärt.

Die meisten Korallenbewohner nähren sich, wie die Korallen selbst, von Kleinlebewesen, die sie herbeistrudeln, herausfiltern oder mit Leimruten erbeuten. Andere leben als Kleinräuber, wie die Seesterne, die Muscheln fressen. Die Korallen selbst dienen nur einigen Spezialisten als Nahrung, wie den großen, bunten Papageifischen und manchen Kugelfischen, die ganze Stücke davon abbeißen und verschlingen. Im Enddarm des Einstachlers *Amanses pardalis* fand ich zum Beispiel mehrere einen Zentimeter lange Korallensprossen *(Acropora)*. Der kleine Einstachler *Oxymonacanthus longirostris* hat sich darauf spezialisiert, einzelne Korallenpolypen abzuzupfen. Auch von einigen Schmetterlingsfischen ist bekannt, dass sie Korallenpolypen abweiden.

Auf den abgestorbenen Teilen der Korallen wachsen Algen, die von Seebadern, Kaninchenfischen und anderen gefressen werden. Büschelbarsche benutzen den Korallenstock als Warte, und Zackenbarsche und Muränen lauern im Schutze der Höhlen, in denen auch nachtaktive Fische den Tag verbringen.

Für die meisten Tiere bedeutet ein Korallenstock ein günstiges Versteck. In Schwarmwolken stehen die Schwalbenschwänzchen *(Chromis)* über Korallenbüschen. Kommt man heran, dann flüchten sie zwischen die Zweige. Steht ein Korallenstock einzeln da, dann kann man ihn abbrechen und mitsamt seinen Bewohnern nach oben nehmen. Je größer die Gefahr, desto enger schmiegen sich die Fischchen zwischen die Korallenäste. Erst wenn man den Stock aus dem Wasser hebt, verlassen sie ihre Zuflucht.

Schwimmt man die Riffwand entlang, dann sieht es aus, als würde sie die Fischschwärme über ihr förmlich einsaugen. Schwalbenschwänzchen, Rötlinge und blaue Drückerfische, sie alle tauchen zu den schützenden Korallen und in die Höhlen der Riffwand. Dabei kennt jeder einzelne Fisch seinen Schlupfwinkel. Von den größeren Drückerfischen schauen oft noch die Zipfel der Schwanzflosse heraus. Man kann sie daran herausziehen, wogegen sie durch lautes Grunzen heftig protestieren.

Ganz in Sicherheit kann sich jedoch keiner wähnen, mag er sich noch so tief verkriechen. In einem ständigen Wettlauf der Anpassungen haben Jäger und Gejagte immer neue Methoden des Angriffs und der Verteidigung erfunden. So züchteten jene Kleintiere, die sich in feinste Spalten der Korallenstöcke verkrochen, Raubfische mit röhrenartig verlängerten Schnauzen. Solche »Pinzettfische« sind zum Beispiel die Schmetterlingsfische *Chelmon* und *Forcipiger* und die Lippfische der Gattung *Gomphosus,* die man auch Vogelfische nennt.

Die Vielfalt der Fische, die um so ein Korallenriff leben, bezeichnet man oft auch als »Korallenfische«. Das ist nicht ganz exakt, denn nur eine beschränkte Zahl davon ist wirklich von den Korallen abhängig, so jene oben erwähnten Korallenfresser. Viele findet man auch um Felsriffe, und daher ist es wohl besser, von Riff-Fischen zu reden. Allen ist gemeinsam, dass sie in der Nähe des Riffes leben, selbst wenn sie dort, wie etwa die Halbschnabelhechte, das freie Wasser über dem Riff bevölkern. Jene, die zwischen den Korallen umherschwimmen, haben eine andere Schwimmtechnik als die Fische des freien Wassers, die sich vor allem durch Schläge der Schwanzflosse vorantreiben. Sie schwimmen entweder bevorzugt durch Schlagen der Brustflossen (Seebader, Papageifische, Lippfische, Schmetterlingsfische), durch Wellenbewegung der Rücken- und Afterflosse (Einstachler, Drückerfische) oder auch durch Schlagen der Brustflossen und Wedeln der Rücken- und Afterflosse (Kugelfische, Kofferfische). Sie alle sind daher sehr manövrierfähig und können plötzlich anhalten, auf der Stelle wenden und oft auch rückwärtsschwimmen.

Im Übrigen ist ihre Vielfalt erstaunlich. Der außerordentlich starke Konkurrenzdruck hat mannigfaltige Anpassungstypen herausgezüchtet, von denen wir noch viele kennenlernen werden. Hier sei nur erwähnt, dass wir in den Riffen der Malediven über vierhundert verschiedene Arten von Knochenfischen sammelten und noch einige mehr beobachteten. Und man bedenke: dies alles in einem relativ schmalen Streifen vom Ufer bis zu fünfzig Metern Tiefe! Mir ist kein anderer Lebensbereich bekannt, der eine vergleichbare Fülle nah verwandter und zugleich so verschiedener Lebewesen auf so engem Raum vereint. Für einige Monate war dieser Raum auch unsere Welt.

Haie – der perfekte Entwurf

Vor immer neuen Riffen ankernd, folgten wir langsam der Kette der Malediven-Atolle nach Norden. Suadiva, Ari, Rasdu, Male, Fadiffolu, Miladummadulu – immer weiter wurden die Atollringe, in deren ausgedehnter Lagune nun Korallenpilze und Kleinatolle emporwuchsen. Bald dauerte es Stunden, bis wir an einem solchen Großatoll vorbeigesegelt waren. Eine winzige Insel reihte sich an die andere, verträumt und unbewohnt.

Neue Meeresabgründe taten sich auf, reicher zeigte sich das Fischleben, und gewaltiger wurden die steil abfallenden Riffwände mit ihren dunklen Klüften. Im Ari-Atoll haben wir es erlebt, dass uns Schwärme von Wimpelfischen und Füsilieren so dicht umgaben, dass uns jeder Ausblick genommen war.

Furchtlos und neugierig umkreisten sie uns, die Eindringlinge aus einer anderen Welt. An den Außenabhängen dieser Riffe ging es oft steil hinab in ein uferloses Blau. Wolken blauer Drückerfische und Rötlinge standen über den Wänden, schreckhaft zwischen den üppigen Korallen und in den Spalten der Wände Schutz suchend, wenn wir eine raschere Bewegung machten. In vierzig Metern Tiefe erfüllte ein gedämpftes blaues Licht die Meereslandschaft. Die Abgründe erschienen nicht mehr dunkelblau, sondern nächtlich schwarz. Großaugenbarsche, Husarenfische, Kardinalfische und andere das Dunkel liebende Fische, die sonst den Tag in Höhlen verbringen, sah man hier auch frei umherschwimmen.

Je weiter wir nach Norden kamen, desto zahlreicher wurden die Haie. Die erste Überraschung erlebten wir im Ari-Atoll, wo wir an einem unterseeischen Riffrücken an der Ostseite tauchten. Die etwa acht Meter tief liegende Oberseite des Riffes war von einer starken Strömung wie leer gefegt. Nur niedrige Korallentrümmer lagen umher. Der Abfall an der Außenseite verlor sich grundlos, und nur einige schwarze, verzweigte Korallenstöcke zierten ihn. Vor uns in diesem tiefblauen Wasser aber patrouillierten einige Grauhaie *(Carcharhinus menisorrah)* auf und ab. Jedes der Tiere war gut zweieinhalb bis drei Meter lang. Zuerst waren es drei, dann kamen aber noch weitere heran. Neugierig betrachteten sie uns mit ihren lebendigen, kalten Augen, deren Beweglichkeit in einem seltsamen Gegensatz zu dem starren, maskenartigen Gesicht steht. Es war unheimlich, wie eindringlich diese wachen Augen uns festhielten und musterten.

Zwölf Grauhaie zählten wir zuletzt, dazu vier große Schwarzflossenhaie und eine Anzahl kleinerer Weißspitzenhaie. Die großen kamen in ständig enger werdenden Kreisen immer näher an uns heran, schließlich bis auf zwei Meter, und drehten erst ab, als wir sie durch eine Bewegung mit dem

Stock erschreckten. So viele Haie auf einem Fleck hatten wir nur einmal vor der Schatzinsel Kokos im Pazifik gesehen. Aber das alles war erst der Auftakt, wir sollten die Haie bald noch näher kennenlernen.

Im Goha-Faro fanden wir am östlichen Außenriff das Wrack eines vor etwa sechzig Jahren aufgelaufenen Dampfers. Bei Niedrigwasser ragte noch ein Teil der alten Maschine heraus, das Heck jedoch lag in größerer Tiefe. An einem ruhigen, sonnigen Tag schauten wir uns das Wrack an. Das auf der seichten Riffplatte liegende Vorderschiff war bereits durch den Wellenschlag völlig zertrümmert. Das Heck hing in etwa dreißig Metern Tiefe über den Riffabhang, und hier, im stilleren Wasser, waren auch noch einige Schiffsräume erhalten geblieben. Wir waren in bester Laune. Die Besichtigung eines Wracks gehört ja mit zu den aufregenden Unternehmungen. Man schwimmt durch Räume, in denen einst Menschen lebten, durch Wandelgänge und über schief liegende Decks, neugierig und voll gespannter Erwartung. Und es gibt auch mancherlei zu entdecken, ganz abgesehen von dem seltsamen Reiz, der darin liegt, schwerelos durch Räume zu gleiten, die man sonst nur als bodenverhafteter Erdbewohner zu betreten gewohnt ist.

An den Decken der alten Schiffsräume fanden wir oft wunderschöne Muscheln mit zierlichen Fortsätzen. Dieses Wrack hier war über und über mit prachtvollen Zackenaustern bewachsen, auf denen sich dekorative Korallen festgesetzt hatten. Und es wimmelte von Fischen. Im Wrack selbst schlief ein harmloser Ammenhai. Als Hans Hass ihn mit dem Haifischstock stupste, schwamm er eilig davon.

Wir durchstöberten das ganze Wrack. Da wir dort nichts Neues fanden, stiegen wir auch noch den Steilhang unter dem Wrack weiter ins Tiefe ab. Wir hatten uns mittlerweile so gut an die Tauchgeräte gewöhnt, dass wir uns wirklich schon als Fische unter Fischen fühlten.

So paddelten wir vergnügt ins Tiefe. Dabei begegneten wir einem großen Rochen, der langsam am Riffabhang entlangschwamm. Als er uns sah, verschwand er in einer Höhle. Hass, der ihn gerne filmen wollte, bedeutete mir, ich solle ihn herausjagen. So kroch ich zu dem Kerl hinein. Da er nicht wollte, sondern im Kreis über dem Höhlenboden schwamm, stupste ich ihn einmal kräftig mit meinem Stock, und da hatte er es so eilig, dass er zuerst mich und dann noch einen Korallenblock überrannte. Das Poltern lockte zwei große Grauhaie an.

Mit der ihnen eigenen Neugier folgten sie uns in gemessenem Abstand, als wir höher tauchten. Da überkam mich plötzlich die Lust, Haie einmal richtig in Aktion zu sehen. Ein großer, schöner Zackenbarsch kam mir in die Quere, und den harpunierte ich.

Ein Blick sagte mir, dass Hans Hass meine Absichten verstanden hatte. Er übernahm die Rückendeckung, während ich den Fisch tötete und von der Harpune schnitt. Ich stopfte den blutenden Köder in ein Korallenloch; dann setzten wir uns auf den Riffabhang in der Nähe und sahen zu. Zu den beiden Haien hatte sich ein dritter gesellt, und dieses Trio schnüffelte nun mit der Schnauze wie Hunde auf einer Fährte knapp über dem Riff dahin. Bald hatte einer von ihnen den Fisch gefunden und packte ihn. Während er mit dem Bissen davonsauste, schüttelte er kräftig den Kopf und sägte so in Sekundenschnelle den Barsch entzwei. Dieses Sägen erregte die anderen in höchstem Grade. Sie folgten dem Davoneilenden und schnappten nach dessen Flossen. Schnell schoss ich einen zweiten Fisch und legte ihn etwa zwei Meter vor mir auf das Riff. Diesmal mühten sich schon fünf große Grauhaie und drei kleine Weißspitzen um den Köder. Noch während ich den Fisch von der Harpune löste, versuchten sie, an ihn zu kommen, und ich musste sie mit meinem Stock abweisen. Sie umkreisten uns erregt, und während sie über uns hinwegschwammen, schüttelten sie die Köpfe, als zersäbelten sie bereits ihre Beute im Geiste. Und kaum sägte einer wirklich am Köder, da durchzuckte es die anderen wieder wie ein Blitz, und sie schnappten wahllos nach allem, was sich links und rechts bewegte. Das wiederholte sich auch bei den folgenden Versuchen. Wir lernten, dass dies einer der besonders gefährlichen Augenblicke war, in dem sie auch uns angreifen würden, wenn wir nicht stillhielten. Unsere Haistöcke haben sich damals besonders bewährt.

Saßen wir ruhig, dann nahmen die Haie von uns kaum Notiz; der Köder lenkte sie ab. Nur zu mir verirrte sich manchmal einer, weil vom Zerlegen der Fische an meinen Händen frisches Blut und Fischschleim hafteten.

Einmal zersägte einer einen Bissen, während er über mich hinwegschwamm. Ich folgte mit meinen Blicken dem Davonschwimmenden, als eine heftige Bewegung über mir mich hochschauen ließ. Da sah ich gerade noch, dass ein anderer Hai über meinem Kopf die abgesägte Fischhälfte aufschnappte, die beinahe auf mich herabgesunken war. Das ernüchterte mich für diesen Tag, und wir brachen unsere Versuche zunächst einmal ab.

An Bord aber unterhielten wir uns lange über diese gelungene Fütterung. Das war endlich einmal eine Gelegenheit, das Haiabwehrmittel Kupferacetat zu erproben, über dessen Wirksamkeit die Ansichten auseinandergingen. Nach einigem Hin und Her beschlossen wir, an den folgenden Tagen die Versuche zu wagen. Haie gelten im Allgemeinen als die Tiger der Meere. Die erste Frage an einen Taucher lautet deshalb meist: »Und was machen Sie, wenn ein Hai kommt?«

Die Frage ist nicht so einfach zu beantworten. Aber eines kann man mit Gewissheit sagen: Die Gefahr wird schrecklich übertrieben. Ein geradezu groteskes Beispiel bot der Film *Der weiße Hai,* der viele ganz unnötig erschreckte. Alljährlich tummeln sich Millionen sonnenhungriger Menschen in den gemäßigten und tropischen Meeren; dennoch sind aus dem Mittelmeerraum zwischen 1900 und 1973 nur dreißig Haiunfälle bekannt geworden.

Man rechnet heute für das Mittelmeergebiet mit etwa zwei Unfällen pro Jahr. Das ist nun gewiss keine erschreckende Zahl. Die Gefahr, durch Bienenstich oder Blitzschlag umzukommen, ist um ein Vielfaches größer! Für die tropischen Meere gilt Ähnliches. Allein an der Küste Floridas tummeln sich im Jahr 3,5 Millionen Menschen. Dennoch sind aus diesem Raum, die Atlantikküste und den Golf von Mexiko eingeschlossen, bisher nur hundertsieben Haiangriffe registriert worden. Von den Hawaiiinseln wurden 1886 bis 1973 nur neununddreißig Angriffe bekannt, darunter fünfzehn mit tödlichem Ausgang. H. Baldridge hat in seinem Buch *Shark Attack* alle bis 1973 aus allen Teilen der Welt bekannt gewordenen Haiangriffe zusammengestellt. Das waren insgesamt 1652 Fälle. Die meisten von ihnen stammen aber gar nicht von Augenzeugen, und über die Hälfte wurde erst ein Jahr nach dem angeblich stattgefundenen Ereignis berichtet. Aber selbst wenn die Zahl stimmen sollte, würde sie nur unsere These belegen, dass in Anbetracht der vielen Badenden die Zahl der Haiunfälle nicht besonders hoch ist. Sie dürfte sich global auf vierzig bis achtzig Fälle pro Jahr belaufen. 1959 wurden zum Beispiel insgesamt neununddreißig Menschen von Haien angegriffen. Von diesen starben vierzehn an den Folgen dieser Attacken. Mit der Zunahme der Fische jagenden Schwimmtaucher nimmt in dieser Gruppe die Zahl der Unfälle zu. Für ihn, der direkt in das Revier des Haies eindringt und dort unter Umständen Beute macht, stellt sich die Frage, wie er sich in Gegenwart von Haien verhalten soll.

Sie kann nicht pauschal beantwortet werden; denn es gibt mehr als dreihundert Haiarten, deren verschiedene Lebensweisen wir keineswegs kennen. Die meisten von ihnen sind wohl harmlos. Das gilt unter anderem auch für die Giganten dieses Geschlechtes wie die bis zu vierzehn Meter langen Riesenhaie, die sich von aus dem Wasser gefilterten Kleinlebewesen ernähren. Ebenso harmlos sind die gewaltigen Walhaie.

Bis zum Zweiten Weltkrieg hat man sich nur wenig um die Haie gekümmert. Außer vereinzelten Schwimmern oder den seltenen Opfern von Schiffskatastrophen kam ja kaum jemand in Berührung mit diesen Räubern. Mit der Zunahme der Schiffs-und Flugzeugkatastrophen im Zweiten Weltkrieg, ferner auch des Badetourismus und des Tauchsports wurden die Haie zu einem Problem, mit dem man sich auseinandersetzen musste. Als zum Beispiel die »Nova Scotia« vor Südafrika torpediert wurde, fand man am anderen Morgen die beinamputierten Körper der Seeleute in den Rettungsgürteln. Sie waren von Haien getötet worden.

Das Problem der Haiabwehr beschäftigt die Behörden immer mehr. Und dazu musste man sich erst einmal mit der Biologie dieses Raubfisches befassen. Mit welchen Sinnen ist er ausgestattet? Welche leiten ihn auf seinen Beutezügen? Wann greift ein Hai an? Sind alle Angriffe als Beuteangriffe zu deuten? Diesen und anderen Fragen ist man in den Jahren nach dem Zweiten Weltkrieg systematisch nachgegangen.

Zunächst, was zeichnet die Haie vor den Knochenfischen aus? Kann man überhaupt vom Typus des Haies sprechen?

In unserer Vorstellung verbindet sich mit dem Begriff Hai das Bild eines großen, grauen bis graublauen Raubfisches mit muskulösem, spindelförmigem Körper, einem unterständigen, mit Zähnen bewehrten Maul, seitlich wie Tragflächen abstehenden großen Brustflossen, einer auffälligen dreieckigen Rückenflosse und einer großen halbmondförmigen Schwanzflosse, die den Antrieb vermittelt. Dazu kommen noch als weniger auffällige Merkmale die paarigen Bauchflossen, eine Afterflosse und eine zweite Rückenflosse.

Nun gibt es eine Reihe von Haien, die dem Typus nicht unbedingt entsprechen: die Meerengel *(Squatina)* etwa, die abgeflacht sind und als Bodenfische fast an Rochen erinnern, die Stierkopfhaie *(Heterodontidae),* die mithilfe eines Pflastergebisses Muscheln und Schnecken knacken, oder die Sägehaie *(Pristiophoridae),* die mit ihrer zahnbewehrten Schnauzenverlängerung Beutetiere aus dem Schlamm stöbern. Auch die Ammenhaie sind Bodenbewohner. Die Walhaie und Riesenhaie leben zwar in der Hochsee, filtern aber nur Kleinlebewesen aus dem Wasser. Die überwiegende Mehrzahl der Haie entspricht jedoch dem Typus des Freiwasserräubers, den wir oben beschrieben. Die Abwandlungen sind gering. Haie, die in der Hochsee jagen, haben zum Beispiel eine symmetrisch mondsichelartige Schwanzflosse, während bei Riffhaien die untere Hälfte der Schwanzflosse weniger stark ausgezogen ist. Die Fische können daher knapp über dem Riff jagen, ohne anzustoßen.

Der Hai hat sich als Raubfisch des freien Wassers zweifellos bewährt. Weißflossenhochseehaie *(Carcharhinus longimanus)* sind nach Unfällen schnell in so großer Zahl bei der Unfallstelle, dass man annehmen muss, sie bevölkern in großer Populationsdichte den freien Ozean. Einige Fischkenner meinen sogar, dass es sich um das zahlenmäßig häufigste über fünfzig Kilogramm schwere Raubtier unserer Erde handelt.

Eine perfekte Konstruktion also, soweit man das von Organismen überhaupt sagen kann, denn irgendwelche konstruktiven Mängel lassen sich immer nachweisen. Ein entscheidender Mangel des Haies ist zum Beispiel das Fehlen eines Knochenskeletts. Dieser Mangel wird aber durch andere Vorteile des »perfekten Räubers« ausgeglichen. Dass der »Entwurf« nahezu perfekt ist, geht schon aus der Tatsache hervor, dass sich die Haie über Jahrmillionen recht wenig änderten.

Haie sind gut mit Sinnesorganen ausgerüstet. Über größere Distanzen leitet sie in erster Linie ein Vibrationssinn, ferner das Gehör. Wenn wir einen Fisch harpunierten, rief das Zappeln des Opfers mit Sicherheit einen Hai herbei. Wenn wir vom Boot aus ins Wasser sprangen oder den Anker auswarfen, waren Haie gleich zur Stelle, schwammen neugierig einen Bogen und verschwanden zumeist wieder – sehr zu unserer Enttäuschung. Wir wollten die Haie ja gerne vor die Kamera bekommen, sie erwiesen sich aber eher als scheu. Die Erschütterungen des Wassers werden mit dem Seitenliniensystem wahrgenommen, einem in die Haut des Haies eingebetteten Kanalsystem, das sich am Kopf verzweigt und über die Seiten des Fisches bis zur Schwanzwurzel hinzieht. Die mit Flüssigkeit gefüllten Kanäle sind durch kleinste Kanäle mit der Körperoberfläche verbunden, sodass Erschütterungen des Außenwassers auf die Flüssigkeit der Kanäle des Seitenliniensystems übertragen werden. Sinneszellen am Grunde der Seitenlinienkanäle mit haarartigen Fortsätzen nehmen diese Erschütterungen wahr und melden sie über Nervenfasern dem Zentralnervensystem.

Es scheint, als seien viele Haie geradezu darauf spezialisiert, auf unkoordinierte, gestörte Bewegungen von Fischen mit Annäherung zu reagieren.

Der vierte Tag war zugleich unser letzter Tauchtag im Goha-Faro. Jeder von uns holte sich als Andenken eine schöne korallenbewachsene Zackenauster vom Wrack; dann fütterten wir die Haie ein letztes Mal. Hans Hass filmte das ganze Gewimmel. Wenn ich mir diese Bilder heute ansehe, keimt eigentlich kein Wunsch nach Wiederholung in mir auf. Aber schön war es doch, und wir genossen den Tag im vollen Bewusstsein der Einmaligkeit unserer Situation.

Leuchtinseln unter Wasser

Hans Hass

Der große Reiz des Tauchens liegt in der Angst, die man vor der Tiefe empfindet, und in dem Kraftgefühl, das man gewinnt, indem man diese Angst überwindet. Dazu kommt der Zauber, eine noch unberührte Natur zu erleben, in der sich trotz Mensch, Zivilisation und großem Fortschritt nicht das Mindeste geändert hat.

Zuerst sieht man noch die Oberfläche, an der die Wellen wie die Wolken am Himmel ihres Weges ziehen. Dann breitet sich das endlose Nichts über einem aus, und die freundlich vertraute Welt der Luft, des Sonnenlichts, der Düfte, der Klänge bleibt zurück. Eine kalte schweigende Einsamkeit tut sich auf. Ein Grab ohne Grenzen, ohne Mitleid, ohne freundliche Regeln. Eine Weite, in die man eingeht, einfliegt, die einen unbeachtet und doch behutsam aufnimmt. Hier muss man sich nicht vom Boden wegstemmen wie oben am Land. Hier ist man genauso frei und einsam wie ein durch den Weltenraum ziehender Komet. Und so wie dieser eine zeitbedingte, kurz aufflammende Wirklichkeit ist, so ist man in der Weite des Meeres auch nur eine zeitbedingte erkennende Wirklichkeit, die hier vorübergehend aufflammt, nur vorübergehend geduldet wird.

An einigen Außenriffen tauchten wir bis auf achtzig Meter Tiefe. Dazu sind besondere Vorkehrungen nötig. Das Licht der Erkenntnis, des Überlegens und Denkens wird in zunehmender Tiefe allmählich ausgelöscht. Die Vernunft weicht einem beruhigenden, angstlosen Glücklichsein. An der Küste Floridas versuchte ein Taucher, einen neuen Tiefenrekord aufzustellen, und schwamm in die verlockende, alles umschließende Weite hinunter. Oben im Boot zeigte ein Sonargerät die Tiefe des abwärts gleitenden Körpers an. Er hielt an. Er glitt weiter hinunter, ließ die tiefste je von einem schwimmenden Menschen erreichte Tiefe hinter sich. Er glitt weiter. Er glitt weiter. Er entschwand in der Ewigkeit, die ihn aufnahm, zurücknahm.

Unterhalb von fünfzig Metern tritt der sogenannte Tiefenrausch auf. Unter einem Druck von sechs Atmosphären fallen Bedenken und Hemmungen von einem ab. Der noch tiefer unten liegende Abgrund wird zu einem freundlichen Spaziergang. Warum nicht? Und noch ein Stück weiter, warum nicht? Und dann ist es plötzlich aus, zu Ende, ohne dass man es eigentlich bemerkt. Der Tod fängt den Taucher in einem Schmetterlingsnetz, dessen Fäden und Maschen so weich sind, dass sie ihn unbemerkt umschließen.

Ich trug am linken Handgelenk eine Aluminiumplatte, und darauf stand genau, was ich zu tun hatte. Ich hatte erstens ein Foto vom Abhang und seinem Bewuchs zu machen. Ich hatte zweitens Exemplare der hier unten noch vorkommenden Korallen loszubrechen und in mein Sammelnetz zu tun. Ich hatte drittens zu notieren, was ich noch weiter unten sah. Und ich hatte schließlich – viertens – nach längstens fünf Minuten wieder hochzuschwimmen. Ich fotografierte … ich brach los und verstaute im Netz … ich betrachtete und schrieb auf … ich schwamm langsam wieder hoch.

Das Gefühl, wieder ins Leben, in Angst und Wirklichkeit zurückzukehren, gleicht einer bewusst erlebten, sich lawinenhaft entfaltenden neuen Geburt. Druck und Kälte und Nebel lösen sich. Ein brennendes, prickelndes, drängendes Gefühl bricht sich Bahn und breitet sich aus. Die Luftblasen, die einen begleiten, platzen auseinander, perlen, torkeln trunken, tanzen hinauf zum Licht. Eine dieser lebenstrunkenen Blasen ist man selbst. Alles dehnt sich aus. Es wird heller, wärmer. Das Leben, plötzlich wiedergewonnen, wird einem beinahe schmerzhaft bewusst. Der Abhang mit Gewächsen und Tieren gleitet wie ein sich senkender Vorhang an einem vorbei. Er senkt sich über eine Betäubung, die abklingt, über eine Gefahr, der man entronnen ist, die nicht von außen, sondern aus einem selbst kam.

Man fliegt dem Licht entgegen, der Wärme entgegen, zurück zur Luft. Die Luft, die man aus den Rückenzylindern atmet, ist schal geworden, trocken, ein Maschinenprodukt. Die Luft oben riecht nach Wind, nach Palmen und heißem Sand. Ein Hauch von Fäulnis ist dazwischen, die Grundlage neuen Lebens, ein Hauch von Parfüm, Symbol der unsere Sinne umnebelnden Täuschungen. Halt. Da steht ein Tauchgerät säuberlich aufgebaut in den Korallen. Die Rückkehr nach oben darf nicht zu plötzlich sein. Ich schnalle das Tauchgerät ab, nehme das Mundstück aus dem Mund, nehme das andere in den Mund, atme … und warte. Andere Fischmenschen kommen herab, umkreisen mich, schauen mir in die Maske. Wie es unten war? Ich hebe den Daumen, es war okay. Der Traum liegt schon wieder in weiter Ferne. Die Haut schmerzt vor Freude, dass das Leben wieder begonnen hat. Nicht weit, schräg oben, schaukelt der dunkle Bauch des Bootes, eine freundliche dicke Mutter, die uns alle aufnimmt. Noch eine halbe Stunde muss ich bleiben, wo ich bin, darf nur langsam Stück für Stück höher gehen. Dann ist die Quarantänezeit vorbei, und die Welt, zu der ich gehöre, hat mich wieder.

Es war gegen neun Uhr abends. Wir lagen vor der Insel Gem, der südlichsten der Malediven. Eine Regenbö war über das Schiff hinweggegangen und hatte uns mit dem Lautsprecher in den Decksalon getrieben. Wir spielten die *Moldau* von Smetana und die *Pathétique* von Tschaikowsky. Gerlach und Franzisket schrieben. Eibl und ich rauchten Pfeife. Plötzlich erschien Kapitän Becker in der Tür.

»Ich weiß nicht, ob Sie schauen wollen. Da sind große Tiere im Wasser.«

Wir verließen den hell erleuchteten Salon und eilten auf das dunkle Achterdeck. Es war Neumond und stark bewölkt, völlig dunkel. Von Land her schimmerten die Lichter des RAF-Lagers und der Offiziersmesse. Die meisten waren weiß, einige waren rot und grün. Das waren noch die Weihnachtsdekorationen.

»Hier sehen Sie es am besten.«

Ich sprang auf das rückwärtige Schanzkleid. Unter uns, in matten Umrissen, schaukelten unsere beiden Boote. Wir hatten sie bei Einsetzen der Bö achteraus gelassen; rings um die Boote und ein gutes Stück weiter über die schwarze Meeresfläche verteilt leuchteten regelmäßig helle Felder auf. Das konnten keine Reflexe von Sternen sein, denn es waren keine Sterne sichtbar, und diese hätten auch kaum ihr Licht im gleichen Rhythmus an- und abgedreht. Ich versicherte mich, dass es auch nicht Reflexe aus den Bullaugen waren, denn so sah es aus. Aber keines der Bullaugen leuchtete in der Richtung. Und auch mit der schütteren Spiegelung der fernen Lichter am Strand hatte es nichts zu tun.

»Schnell, daher, daher!«, rief ich aufgeregt.

Die Lichtquellen lagen unter Wasser. Es waren gut an die hundert helle kreisförmige Flecken von je etwa einem Meter Durchmesser, die in gleichmäßigem Rhythmus aufleuchteten und wieder verschwanden. Die Flecken waren drei bis vier

Meter weit voneinander entfernt. Das ganze Meer achteraus war von diesen regelmäßigen Leuchtfeuern erfüllt, und zwar in mehreren Feldern von etwa vierzig bis sechzig Meter im Durchmesser. Das Unglaubliche war, dass alle Flecken innerhalb eines Feldes völlig gleichzeitig aufflammten und wieder verlöschten, ganz so, als hingen alle am gleichen elektrischen Faden und würden zur selben Zeit eingeschaltet. Was immer es für Wesen sein mochten, die dort unten ihres Weges zogen, sie wanderten, oder besser leuchteten, in vollendetem Gleichschritt. Sie sangen im gleichen messbaren Takt ihr unhörbares geheimnisvolles Marschlied.

»Das sind Medusen!«

»Das sieht wie fliegende Untertassen aus!«

»Hierher, Klausewitz, hier müssen Sie herkommen. Rufen Sie doch die anderen, das ist etwas ganz Einmaliges!«

»Wir müssen den Rhythmus stoppen. Wer hat denn eine Stoppuhr?«

»Können wir denn nicht mit der Taschenlampe tauchen?«

»Wir können hinunter ins Boot.«

»Herr Becker, Herr Becker, können Sie das Boot vorziehen – ich hole meine Maske!«

»Brauchen wir nicht, wir haben den Guckkasten im Boot.«

»Macht doch mal die Buglampe ab!«

»Der Takt ist etwa eineinhalb Sekunden.«

Durch den Guckkasten starrten wir hinab. Die Lichter waren klein und kugelrund. Sie mochten etwa zehn Meter unter uns schweben. Sie hatten einen völlig klaren, scharf geschnittenen Rand, doch durch die Reflexe der Wellen sah das Licht von oben wie ein Fleck von einem Meter Durchmesser aus. Das Aufleuchten dauerte etwas weniger als eine Sekunde, dann schalteten sie für eineinhalb Sekunden ab. Innerhalb des Feldes waren alle völlig synchron; die benachbarten Felder folgten um Bruchteile einer Sekunde früher oder später. Wir standen hier vor einem Wunder. Aus der kalten schweigenden Tiefe der Nacht glomm ein Einverständnis, eine freundlich organisierte Ruhe, ein gleichmäßiges Dahinfluten empfindender Kreaturen.

Franzisket hatte inzwischen seine Taschenlampe geholt und funkte, außerhalb des Taktes, dazwischen. Ob es nun an ihm lag oder an etwas anderem, jedenfalls ging der Gleichklang verloren. Die Felder entfernten sich, hier und da leuchtete es noch ein wenig auf, dann war alles wieder finster wie zuvor.

Wir haben nicht feststellen können, ob es Medusen waren oder etwa Würmer oder andere Leuchttiere. Vermutlich sind diese Signale eine Vorbereitung zum Fortpflanzungsakt. Die Tiere stimulieren sich gegenseitig optisch, bis die Erregung synchronisiert ist und ein gemeinsames Ausstoßen der männlichen und weiblichen Fortpflanzungsprodukte auslöst. Wie ich von Franzisket erfuhr, beobachtete Prof. Rensch in Indien Leuchtkäfer, die zur Hochzeit in gleicher Weise und ähnlichem Rhythmus ihre Blinkzeichen synchronisieren.

Im Herbst 1939, als ich mit Jörg Böhler und Alfred von Wurzian im Karibischen Meer tauchte, bekamen wir an der Küste der Insel Curaçao, einer steilen Küste, bei erheblichem Wind und Wellengang ein merkwürdiges Gallertwesen zu Gesicht. Es war eine völlig durchsichtige Röhre von etwa zwei Meter Länge und gut dreißig Zentimeter im Durchmesser. Sie schwebte, ephemer und ungemein zerbrechlich, dicht unter der Oberfläche. Seitdem die Wissenschaft annimmt, dass alles Leben auf unserem Erdball im Meer seinen Ursprung nahm, wurde immer wieder vermutet, dass es vielleicht irgendwo in der Tiefsee noch eine primitivste ursprünglichste Lebensform, eine Art Urschleim, geben müsse. Es sah so aus, als stünden wir hier ebendiesem allerletzten unserer Vorfahren gegenüber.

Ich veröffentlichte das Bild in einem Buch, und wir zeigten es auch einer Reihe von Wissenschaftlern. Aber niemand konnte uns eindeutig sagen, was das gewesen war. Da die betreffende Küste steil auf große Tiefe abstürzte, nahm ich schließlich an, dass es eine Tiefseeform war, die durch Strömungen hochgespült worden war.

Jetzt, nach neunzehn Jahren, im Addu-Atoll, sah ich plötzlich von der *Xarifa* aus eine ebensolche Gallertröhre neben dem Schiff vorbeitreiben. Selten war ich schneller mit der Kamera über Bord. Während das Schiff weiterfuhr und mir Hirschel dann etwas später mit einem Eimer nachfolgte, tat ich, was ich vor neunzehn Jahren zu meinem Ärger versäumt hatte: Ich betrachtete das Gebilde nun wirklich genau, filmte es von allen Seiten und betastete es.

Dabei erlebte ich eine Überraschung. Es war gar keine Röhre, sondern eine ganz kompakte Gallertwurst. Sie war bloß ganz durchsichtig, sodass nur die spiralförmige Struktur, die außen herumlief, in Erscheinung trat. Bei genauerer Betrachtung erwies sich diese Struktur als ein endloser Faden, der in säuberlich aneinandergefügten Windungen das Gallert umkreiste und auf dem, wie auf einer Perlenkette, zahllose winzige Kügelchen hintereinander aufgereiht waren.

Besonders fesselte mich eine Art selbstständiger Drehung, die mir schon auf Curaçao aufgefallen war. Dieser wurstartig gestaltete Urschleim rotierte. Die Bewegung begann an einer beliebigen Stelle des auch hier etwa zwei Meter langen Gebildes und setzte sich dann über den ganzen Körper fort. Wie ich heute weiß, muss ich mich bei dieser Beobachtung getäuscht haben. Was ich sah, war offenbar keine Eigenbewegung, sondern eine Folge der unter der Oberfläche auftretenden Strömungen und Wirbel. Denn es ist kaum anzunehmen, dass ein Gelege – und als solches stellte es sich heraus – eine selbstständige Bewegung ausführt.

Hirschel kam mit dem Eimer herangeschwommen und versuchte, die Röhre hineinzubugsieren. Sie war widerspenstig, elastisch, und entglitt. Erst unseren gemeinsamen Bemühungen gelang es, sie in den Eimer zu drücken, und bald darauf untersuchten wir sie an Bord.

Unter dem Vergrößerungsglas wurde offenbar, dass die auf dem Faden aufgereihten kleinen Kügelchen Eier waren. Die darin eingeschlossenen, schon ziemlich ausgereiften Embryos waren deutlich zu erkennen. Es waren zehnarmige Tintenfische. Das riesige Gelege stammte wahrscheinlich von einem jener gewaltigen Kopffüßer, die im offenen Meer in einer Tiefe von mehreren Hundert Metern leben und nach denen die Pottwale tauchen. Nach Armstümpfen, die im Magen von Pottwalen gefunden wurden, zu schließen, erreichen sie bis über zehn Meter Länge. Das Gelege treibt vermutlich von selbst empor, da die Jungen im Seichten bessere Lebensbedingungen genießen. Hier war es offenbar von der Flut in das Atoll hereingespült worden.

Das feste Gallert bietet den Eiern guten Schutz. Wir sahen nirgends Bissspuren eines Fisches, weil es in der Tat nicht einfach sein dürfte, eine so feste, schlüpfrig elastische Substanz zu durchbeißen. Die Jungen, innerhalb der Eier, drehten sich in verschiedener Richtung hin und her.

Auch hier bewährte sich unsere in der Messe aufgebaute Mikrofilmanlage, die uns ständig die Möglichkeit gab, eingebrachte Tiere sofort unter beträchtlicher Vergrößerung zu filmen. Die Armstümpfe am vorderen Körperende der Embryos waren gut zu erkennen, ebenso die schon fast fertig entwickelten großen Augen und der von Pigmentzellen bedeckte sackartige Körper.

Tags darauf schlüpften bereits die ersten aus. Sie sahen ungemein niedlich aus und begrüßten in sehr verschiedener Weise den ersten Lebenstag. Einige waren schüchtern und zogen sich schnell zusammen, wenn sie mit einem anderen zusammenstießen. Andere waren neugierig-draufgängerisch und versuchten, Kontakt herzustellen. Wieder andere waren die Lebenslust in Person, kümmerten sich um überhaupt nichts und schwammen, wie in einem übermütigen Walzer, ständig im Kreis.

Draußen in der Natur endet dieser erste Lebenstag tragisch. Von hundert werden bestimmt neunzig von Fischen aufgefressen. Im freien Wasser gibt es nirgends eine Versteckmöglichkeit. So sind sie dem Zufall ausgeliefert, außerdem spielt aber auch ihre eigene Geschicklichkeit, bei Angriffen durch schnelle Reaktionen auszuweichen, eine wesentliche Rolle. Der Walzertänzer war bestimmt unter den Ersten, die aufgeschnappt wurden. Als Nächstes kamen dann die Vorsichtigen dran, die alle etwas langsam reagierten. Und am ehesten überlebten wohl die Intelligenten, die schon jetzt Interesse für die Umwelt zeigten und deren Einflüsse mit Reaktionen beantworteten.

Besonders interessant war, dass wir bei den Jungen bereits die sich zusammenziehenden und erweiternden Pigmentzellen sahen, die dann dem ausgewachsenen Tier die Möglichkeit einer genauen Farbanpassung an die Umwelt geben. Der Farbwechsel ist bei den Tintenfischen auch ein Spiegel ihrer jeweiligen Stimmung. Bei diesen Embryos, die aufgeregt in das neue Leben schwammen, veränderten die Pigmentzellen in ständigem Wechsel die Größe.

Der Walhai – Aug in Aug mit dem Meereskoloss

Bernhard Krieger und Brigita Dilg

Viele Taucher träumen davon, einmal im Leben einem Walhai zu begegnen, dem größten Fisch der Weltmeere. Auf den Malediven ist das möglich – mit ein bisschen Glück und einer erfahrenen Bootscrew. Manche sind so beeindruckt, dass sie geradezu süchtig werden.

Das Leben kann so ungerecht sein – sogar im Paradies. Walhaie scheinen nicht nur die größten und geheimnisvollsten Fische der Ozeane zu sein, sondern auch noch Humor zu haben: Mit Vorliebe zeigen sich die bis zu dreizehn Meter langen Kolosse auf den Malediven nämlich oft gar nicht den Tauchern tief unter Wasser an den Riffen, sondern Schnorchlern und Bootsausflüglern.

Zwanzig Jahre brauchte Jacques-Yves Cousteau, um gerade einmal zwei Exemplare dieser noch weitgehend unerforschten Giganten zu entdecken. Auf Holiday Island hätte es der legendäre Tauchpionier einfacher haben können. »Eine hundertprozentige Garantie gibt es nicht, aber wenn ihr zwei Wochen bleibt, seht ihr fast sicher einen Walhai«, verspricht Villa-Tauchbasen-Direktor Hussain »Sendi« Rasheed.

Von der Malediven-Hauptstadt Male aus geht es mit einem kleinen Wasserflugzeug weiter ins Süd-Ari-Atoll. Unten sind Riffe, weiße Sandbänke, mit Palmen bewachsene Inseln und so manch dunkler Fleck im ansonsten glasklaren Wasser zu sehen – vielleicht schon der eine oder andere Walhai. Befindet sich wie im Sommer viel Plankton im Indischen Ozean, pflügen die Einzelgänger kurz unter der Oberfläche durchs Meer, das bis zu drei Meter große Maul weit aufgerissen. Ihre graublaue Farbe und die weißen Punkte und Streifen auf dem Rücken machen sie aber auch aus den tief fliegenden Wasserflugzeugen so gut wie unsichtbar.

»Man braucht den Walhai-Blick wie Kapitän Shiyam«, sagt »Sendi«, der auch Chef der maledivischen Tauchlehrer-Akademie auf Sun Island ist, als es am folgenden Morgen mit dem Dhoni weitergeht. Lächelnd steuert Shiyam das maledivische Holzboot durch die ruhige Lagune des Innenatolls zum Außenriff hindurch ins offene Meer. Ununterbrochen streift sein Blick über die Wellen. Nach zehn Minuten schon ruft er das elektrisierende Wort: »Walhai!«

Urplötzlich weicht maledivische Gelassenheit hektischem Treiben. Flossen werden gesucht, die Taucherbrille geschnappt, zum Anlegen des Neoprenanzugs oder gar der Pressluftflaschen bleibt keine Zeit. Shiyam hat vorsichtig beigedreht, um den friedfertigen Koloss nicht zu erschrecken. Tauchlehrer Nasheed springt als Erster ins Wasser, die Gäste folgen ihm, bis er nach zwanzig Metern plötzlich verharrt. Ein rund acht Meter großer Walhai gleitet heran: majestätisch, friedvoll und überwältigend.

Das fast eineinhalb Meter breite Maul ist leicht geöffnet – und obwohl der fast blinde Hai mit seinen winzigen Augen so gut wie nichts sehen kann, weiß er, dass Menschen da sind. Ein kräftiger Flossenschlag würde reichen, um sie abzuschütteln. Mehrere Minuten schwimmt er mit, lässt die Taucher bis auf einen Meter an seinen Kopf herankommen, dann zieht er langsam ab. »Normalerweise bleiben sie nicht länger als dreißig Sekunden. Aber dieser war neugierig«, sagt Nasheed, zurück an Bord.

Mehr als hundertachtzig Walhai-Begegnungen hatte Nasheed in den vergangenen zwei Jahren, so viel wie wohl kaum ein anderer Mensch auf der Welt. »Beim ersten Mal war ich genauso aufgeregt wie ihr«, lacht »Mister Whale Shark« und gratuliert den Touristen zum ersten Walhai. »Die großen Tiere beeindrucken einfach am meisten«, sagt auch Jörg Keller vom Delphis-Tauchcenter auf Royal Island. Zu ihm kommen die Gäste im Sommer vor allem wegen der vielen Mantas im Baa-Atoll, die sich nicht so rar machen wie die Walhaie.

Für die Villa-Tauchcrew dagegen gehören die Walhaie mittlerweile fast schon zum Alltag. »Wir haben auch schon zehn und mehr an einem Tag getroffen. Sehr oft beim Schnorchel-Ausflug«, erzählt Nasheeds Kollege Rilwan. Fast immer sind es Männchen. »Weibchen sehen wir hier so gut wie nie, Jungtiere oder große alte Tiere überhaupt nicht«, berichtet Nasheed. Warum, wissen auch die Wissenschaftler noch nicht, die noch nie eine Paarung oder die Geburt eines Walhais beobachten konnten. Für die Dokumentationen der ganzjährig stattfindenden Walhai-Begegnungen im Süd-Ari-Atoll sind die Forscher deshalb dankbar.

»Maamigili Beru ist einer der besten Plätze auf der Welt, um Walhaie zu sehen«, meint Rilwan stolz. Viele Tauchgäste würden hier geradezu walhaisüchtig. »Eine Japanerin war schon achtmal hier, und während alle am Riff Korallen, Anemonen, Schildkröten, Riffhaie, Muränen oder Feuerfische bewundern, schwimmt sie durchs Blaue und sucht nach Walhaien«, schmunzelt Nasheed.

Nachwort

Beim Stichwort »Malediven« denkt man an weiße Strände, Palmen und luxuriöse Wasservillen, die auf Stelzen aus dem tiefblauen Meer ragen. Ein Urlaubsparadies schlechthin, eine Fantasie zwischen Robinson Crusoe und Fünf-Sterne-Service. Zu Recht, wie viele Reisende wissen. Denn es gibt sie, die Welt der Luxusresorts, in denen alles zur Perfektion gerichtet ist und die den Malediven einen soliden Wohlstand beschert haben. Immerhin arbeiten mehr als zwei Drittel aller maledivischen Arbeitskräfte im Tourismus. Die Auswirkungen sind sichtbar: Heute kann sich fast jede Insel eine Schule und eine Krankenstation leisten. Sechsundneunzig Prozent aller Malediver können lesen und schreiben – für Südasien eine erstaunlich hohe Quote!

Auch die Unterwasserwelt ist spektakulär: Manta-Rochen, Walhaie, Korallenriffe und bunte Fischschwärme, wie sie Hans Hass, Eibl-Eibesfeldt, Bernhard Krieger und Brigita Dilg beschreiben, zeichnen die Malediven als erstklassiges Tauchrevier aus.

Doch hinter der Fassade brodelt es, was dem Touristen oftmals verborgen bleibt. Die Malediven befinden sich im Umbruch. Erst 2008 gelang es der Opposition, nach mehr als dreißig Jahren Diktatur freie Wahlen durchzusetzen. Und selbst da hätte der langjährige Regent eigener Gnaden, Maumoon Abdul Gayoom, beinahe noch den Sieg errungen. Für die Inselbewohner bringt die Demokratie viele neue Möglichkeiten: die totale Meinungsfreiheit zum Beispiel, aber auch den Einfluss konservativer Islam-Auslegungen, wie der Bericht von Heike Barai zeigt. Für die Touristen sind übrigens auch revolutionäre Neuerungen in Sicht: Zum ersten Mal in der Geschichte des modernen Malediven-Tourismus wurde die Trennung zwischen touristischen und einheimischen Inseln aufgehoben, worüber Michael Allmaier informiert. Theoretisch ist es nun auch erlaubt, in einer lokalen Pension unterzukommen.

Die Malediven tauchten aber nicht erst mit dem Pauschaltourismus auf der Landkarte auf. Reisende wie der legendäre Ibn Battuta oder der Franzose François Pyrard segelten auf die Malediven und berichteten von allerhand seltsamen Bräuchen. Das genügsame Leben faszinierte – auch später, als sich die ersten europäischen Abenteurer zum Inselreich im Indischen Ozean wagten. Eine Existenz ganz ohne Luxus, wie Heinz Pack oder Elfie Stejskal sie sich erträumten, schienen sie vor Ort gefunden zu haben. Ihnen erschloss sich eine abgeschiedene Welt fast gänzlich ohne Außenkontakt. Eine Welt, in der man sich einerseits streng nach den Regeln des Islam richtet – und trotzdem fest überzeugt ist von der Existenz der Geister, der »Jinnis«, die das Leben der Menschen gehörig durcheinanderbringen, ja sogar Liebesbeziehungen eingehen können; Ali Hussain erzählt davon, aber auch, wie man einem Freund mit viel Mühen die Liebe zu einer Geistfrau wieder ausgetrieben hat.

Trotz dieser isolierten Lage waren die Malediven in großen Teilen der Welt fast täglich präsent: in Form des »Muschelgelds« der maledivischen Kaurischnecken, die in vielen Ländern Afrikas, Asiens und sogar in Europa als Währung benutzt wurden, wie im Text von Jan Hogendorn und Marion Johnson nachzulesen ist. Dass es auch früher schon weitreichende Kontakte gegeben haben muss, entdeckt Thor Heyerdahl bei seinen Expeditionen, die die Existenz einer versunkenen rätselhaften Kultur belegen.

Ob all dies noch lange zu besichtigen ist, bleibt fraglich, mahnen maledivische Politiker immer wieder. Die globale Erwärmung, so befürchten viele, könne zu einer Erhöhung des Meeresspiegels führen und die Malediven schlicht von der Landkarte spülen, wie Nicholas Schmidle es beschreibt. Warum dann aber die Inselrepublik selbst so wenig tue, um den eigenen Ausstoß von Treibhausgasen zu verringern, fragt Thurston Clarke leicht verwundert.

So bleibt hinter dem Bild von Taucherparadies und Luxusresorts an weißen Stränden, hinter der scheinbar maledivischen Idylle und dem neuen Antlitz einer noch jungen Demokratie eine Inselwelt verborgen, die kontrovers, rätselhaft und zugleich faszinierend ist.

Françoise Hauser

Autorinnen und Autoren

Mit * gekennzeichnete Titel wurden für diese Anthologie vom Verlag neu gesetzt.

Michael Allmaier
geboren 1969 in Österreich. Nach dem Studium der Literaturwissenschaft schrieb er für die *Frankfurter Allgemeine Zeitung*, seit 2002 ist er für *Die Zeit* tätig. 2004 wechselte er dort in das Ressort Reisen.
»Die Inseln der Einheimischen – Entdeckungsreise nach ›drüben‹«* (»Die Inseln der Einheimischen«), aus: *Die Zeit*, 5. 11. 2009. © Zeitverlag, Hamburg 2009.

Heike Barai
Die Frankfurter Journalistin, Jahrgang 1966, studierte Ostasienwissenschaften und beschäftigt sich vor allem mit Ost- und Südasien. Unter anderem ist sie für die Zeitschriften *in Asien* und die *Welt* tätig.
»Demokratie – auch für Frauen«. © Heike Barai 2010. Deutsche Erstveröffentlichung.

Ibn Battuta
(1304–1368) war ein berberischer Forschungsreisender aus Marokko. Mit 21 Jahren pilgerte er nach Mekka und unternahm von dort aus eine mehrjährige Reise durch die gesamte islamische Welt, nach Afrika und Asien. Seine Schriften gehören zu den Höhepunkten der Reiseliteratur.
»Die Wunder der Inselwelt«*, aus: Ibn Battuta, *Die Wunder des Morgenlandes – Reisen durch Afrika und Asien.* © Für d. dt. Übersetzung: C. H. Beck Verlag, München 2010. Aus dem Englischen von Ralf Elger.

Thurston Clarke
Der Historiker und Journalist, geboren 1946, studierte an der Yale University, der Columbia University und der Londoner School of Oriental and African Studies. In den USA wurde er vor allem für seine politischen Bücher bekannt. Nebenbei schreibt er auch für die *New York Times, Washington Post* und andere Medien.
»Zwischen Idylle und Realität«*, aus: Thurston Clarke, *Die Insel – eine Welt für sich.* © 2003 by mareverlag, Hamburg. Aus dem Englischen von John von Düffel und Peter von Düffel.

Brigita Dilg (heute Brigita Krieger)

Die gebürtige Tschechin und leidenschaftliche Taucherin wurde 1967 geboren und wuchs in Südafrika und Deutschland auf. Heute ist sie freie Hörfunkjournalistin mit Schwerpunkt Reise.

»Der Walhai – Aug in Aug mit dem Meereskoloss«* (»Im Reich der Riesenfische«), aus: *Spiegel Online,* 25. 11. 2006 © Brigita Dilg und Bernhard Krieger 2006.

Irenäus Eibl-Eibesfeldt

wurde 1928 in Wien geboren und studierte Zoologie. Der Meeresbiologe und Verhaltensforscher begleitete Hans Hass 1957/58 auf einer Expedition zu den Malediven. Ab 1963 lehrte er als Privatdozent an der Ludwig-Maximilians-Universität München und wurde 1969 zum Professor ernannt. 1981 kehrte er noch einmal auf die Malediven zurück und führte weitere biologische Forschungen durch.

»Von Atollen, Korallen und gefährlichen Begegnungen«*, aus: Irenäus Eibl-Eibesfeldt, *Die Malediven – Paradies im Indischen Ozean.* © 1982 Piper Verlag GmbH, München.

Hans Hass

geboren 1919 in Wien, gilt als Pionier des freischwimmenden Tauchens und einer der wichtigsten Hai-Forscher weltweit. Der Zoologe und Meeresforscher arbeitete unter anderem eng mit Irenäus Eibl-Eibesfeldt zusammen.

»Leuchtinseln unter Wasser«*, aus: Hans Hass, *In unberührte Tiefen – Die Bezwingung der tropischen Meere,* Europäische Bildungsgemeinschaft, Stuttgart 1971. © Hans Hass 1971.

Thor Heyerdahl

(1914–2002) Der norwegische Anthropologe und Forschungsreisende wurde weltbekannt, als er mit dem Floß Kon-Tiki von Südamerika nach Polynesien segelte und damit bewies, dass eine Besiedlung Polynesiens aus Südamerika technisch möglich war. In späteren Jahren befasste er sich ausführlich mit der präislamischen Kultur der Malediven.

»Reise zu vergessenen Kulturen – Von Ruinen, Sonnenscheiben und Lotosblüten im Dschungel«*, aus: Thor Heyerdahl, *Fua Mulaku – Reise zu den vergessenen Kulturen der Malediven,* Goldmann Verlag, München 1986. Aus dem Englischen von Wolfgang Rhiel.

Jan Hogendorn
geboren 1937, studierte an der Wesleyan University und der London School of Economics. Bis 2003 unterrichtete er an verschiedenen Instituten, unter anderem in den USA, Istanbul, Nigeria und Oxford mit den Forschungsschwerpunkten Afrikanische Wirtschaft und Sklavenhandel.
»Das Muschelgeld der Sklavenhändler«*, aus: Jan Hogendorn/Marion Johnson, *The Shell Money of the Slave Trade.* © Cambridge University Press 1986. Aus dem Englischen von Ursula Ballin. Deutsche Erstveröffentlichung.

Ali Hussain
Der maledivische Verleger und Unternehmer gründete 1965 Novelty Printers & Publishers, den ältesten und wichtigsten Verlag auf den Malediven, den er seitdem leitet.
»Im Land der Geister«*, aus: Ali Hussain (Hg.), *Mysticism in the Maldives.* © Novelty Printers & Publishers, Male 1991. Aus dem Englischen von Alice Grünfelder. Deutsche Erstveröffentlichung.

Marion Johnson
studierte in Oxford und lebte von 1937 bis 1939 an der afrikanischen Goldküste. Von 1962 bis 1966 kehrte sie noch einmal nach Ghana zurück. Zusammen mit Jan Hogendorn forschte sie über die wirtschaftliche Bedeutung der Kaurischnecken. Sie arbeitete mehr als fünfzehn Jahre als wissenschaftliche Mitarbeiterin am Center of West Africa Studies der Universität Birmingham. Siehe *Hogendorn.*

Bernhard Krieger
Der Kölner Journalist wurde 1971 geboren und ist Spezialist für Sport und Reisethemen. Er lebt in Köln und Rom als dpa-Sportkorrespondent für Italien und ist zudem als Moderator und Reporter beim Deutschlandfunk und diversen ARD-Hörfunksendern tätig. Siehe *Dilg.*

Helmut Kuhn
geboren 1962, studierte in Berlin und Paris und war in New York für die *Süddeutsche Zeitung, Die Zeit, Neue Zürcher Zeitung* und *Penthouse* tätig. Er lebt heute als freier Journalist und Autor in Berlin.
»Babylonische Verhältnisse«, aus: *Abenteuer und Reisen Spezial; Trauminseln,* 1999, Nr. 10. © Helmut Kuhn 1999.

Heinz Pack
(1926–2007) studierte Biologie und Pädagogik und bereiste von 1984 bis 1998 vierzehn Winter lang auf eigene Faust die Malediven per Katamaran. Dank einer Sondergenehmigung der Regierung durfte er auch auf nicht touristisch erschlossenen Inseln campieren.
»Tausend Inseln und ein Boot – Allein unterwegs«*, aus: Heinz Pack, *Tausend Inseln und ein Boot.* © Verlag 71, Plön 1995.

François Pyrard
Der französische Seefahrer François Pyrard de Laval (1578–1621) strandete 1602 auf dem Baa-Atoll. Er verbrachte daraufhin fünf Jahre in maledivischer Gefangenschaft. Nachdem ihm die Flucht gelang, sammelte er seine Erkenntnisse und Erlebnisse in einem dreibändigen Reisebericht. Dieser gehört zu den frühesten verlässlichen historischen Quellen über die Malediven.
»Schiffbruch vor den Malediven«*, aus: François Pyrard, *The Voyage of François Pyrard of Laval to the East Indies, the Maldives, the Moluccas and Brazil,* translated into English from the third French edition of 1619 and edited with notes by Albert Gray, assisted by H. C. P. Bell, Hakluyt Society, London 1887–1890. Aus dem Englischen von Ursula Ballin. Deutsche Erstveröffentlichung.

Nicholas Schmidle
Der amerikanische Journalist gilt als Experte für Mittel- und Südasien und arbeitet unter anderem für die *New York Times* und die *Washington Post.* Von 2006 bis 2008 berichtete er aus Pakistan, bevor er ausgewiesen wurde. Schmidle lebt in Washington.
»Ein Volk vor dem Exodus?«* (»Malediven – Ein Volk vor dem Exodus«), aus: *Greenpeace Magazin,* 5/2009. © Nicholas Schmidle 2009. Aus dem Englischen von Kerstin Eitner.

Elfie Stejskal
wurde 1948 in Österreich geboren und arbeitete zunächst als Stewardess. 1976/77 verließ sie Europa und lebte ein halbes Jahr auf einheimischen Inseln der Malediven. In den 1980ern folgte ein einjähriger Aufenthalt bei den Wayapi-Indianern Französisch-Guayanas, den sie ebenfalls literarisch verarbeitete.
»Das Mädchen Robinson – Ein Aussteigerleben«* (»Das Mädchen Ro-

binson«), aus: Elfie Stejskal, *Das Mädchen Robinson.* © Überreuter Verlag, Wien 1987.

Die Herausgeberin

Françoise Hauser, geboren 1967, hat in Erlangen, Tainan (Taiwan) und Nanjing (VR China) Sinologie studiert. Heute arbeitet sie als Journalistin, Buchautorin und interkulturelle Trainerin mit Asien-Schwerpunkt. Sie ist mehrmals im Jahr in Asien unterwegs.

Bildnachweis

Foto Umschlaginnenseite: Martin Strmko